Orts– und Wanderführer

Jörg Lüderitz

GRÜNHEIDE
und Umgebung

Verlag Bock & Kübler

Mein besonderer Dank gilt allen, die mich bei der Arbeit an diesem Buch unterstützten, vor allem Albert Burkhardt, Wolfgang Gedat, Hans Looman und Siegfried Niedzballa.

Der Autor

© Verlag Bock & Kübler

Berlin – Fürstenwalde

Satz/Gestaltung: Kathrin Steuer

Titelbild: Kirche "Zum guten Hirten" in Grünheide (Mark)

Rückseite: Aufmerksamer Frosch am Löcknitzfließ unterhalb der Autobahn Berliner Ring

Text und Fotos zu "Naturbeobachtungen im Jahreslauf:

Wolfgang Gedat

Lithos: M8 Labor Berlin

Gesamtherstellung: Druckerei Steinmeier, Nördlingen

Redaktionsschluß: April 1997

ISBN 3–86155–065–2

Printed in Germany

Nachdruck nur mit Genehmigung des Verlages

Inhalt

Vorsprüche	5
1. Eine Wald- und Seenlandschaft lädt ein	7
2. Zur Entstehung der Landschaft	9
3. Aus der Geschichte von Grünheide	11
4. Naturbeobachtungen im Jahreslauf, von W. Gedat	15
5. Spaziergänge durch Grünheide	27
– Rund um den Werlsee	27
– Rund um den Peetzsee (Georg-Kaiser-Weg)	35
6. Wanderungen in die Umgebung	41
– Zur Woltersdorfer Schleuse	41
– Nach Rüdersdorf	45
– Nach Herzfelde	49
– Rund um den Möllensee	53
– Im Löcknitztal nach Klein Wall	55
– Zum Störitzsee	59
– Im Löcknitztal zum Wupatzsee	61
– Nach Erkner	65
7. Fahrten auf Gewässern	69
– Bootsfahrt zum Möllensee und Kiessee	69
– Bootsfahrt zur "Faulen Löcknitz"	71
– Boots- oder Schiffsfahrt zur Woltersdorfer Schleuse	73
– Schiffsfahrt zu den Berliner Gewässern	75
8. Ausflüge in die weitere Umgebung	77
– Radtour nach Kagel, Kienbaum, Hangelsberg und ins Spreetal	77
– Radtour nach Strausberg	83
– Radtour in die Märkische Schweiz	86
– Radtour zum Scharmützelsee	88
– Radtour rund um die Müggelberge	90
– Bahnfahrten nach Berlin, Potsdam, Fürstenwalde und Frankfurt (Oder)	92

Literaturhinweise 94
9. Touristische Informationen 95

Vorsprüche

Die Löcknitz ist eines der vielen Wässerchen in unserer Mark, die, plötzlich aus einem Luch oder See tretend, auf eine kurze Strecke hin einen Parkstreifen durch unser Sand- und Heideland ziehen. Keines unter all diesen Wässerchen aber ist vielleicht reizvoller und unbekannter zugleich als die Löcknitz, die, aus dem Roten Luche kommend, in einem der Seen zwischen Erkner und den Rüdersdorfer Kalkbergen verschwindet. Immer dieselben Requisiten, gewiß; und doch, wer an dieser Stelle spätnachmittags an der Grenzlinie zwischen Wald und Wiese hinfährt, dem eröffnet sich eine Reihe der anmutigsten Landschaftsbilder. Hier dringt der Wald von beiden Seiten vor und schafft eine Schmälung, dort tritt er zurück, und der schmale Wiesenstreifen wird entweder ein Feld oder das Flüßchen selber ein Teich, auf dem im Schimmer der untergehenden Sonne die stillen Nymphäen schwimmen. Dann und wann ein rauschendes Wehr, eine Sägemühle, dazwischen Brücken, die den bequemen Wald- und Wiesenweg vom rechten aufs linke, und dann wieder vom linken aufs rechte Ufer führen...

Theodor Fontane,

Wanderungen durch die Mark Brandenburg, Band Spreeland, Kapitel "Kienbaum", 1881

* * *

... Der Werlsee, rund wie ein Auge, mit einer Insel als Pupille, ist durch einen kurzen Kanal mit einem anderen, dem Peetzsee, in Verbindung; dieser auf dieselbe Weise wieder mit einem dritten, dem besonders schön- und reichgewundenen Möllensee. Zwischen je zweien liegt, wie ein echtes Interlaken, als Grundstock von Villenkolonien ein Dorf, Grünheide das erste, Alt-Buchhorst das zweite. Fährt man nun von Erkner in dieser Richtung los, so hat man einen Weg durch See, Flußlauf und immer wieder See, ins Herz einer Landschaft hinein, die so bequem erreichbar wie abgelegen ist. Ein Idyll, das unzerstörbar scheint: ich bin einsam, scheint es zu sagen, und ihr könnt kommen, soviel ihr wollt, meine Einsamkeit zu teilen; ihr teilt sie nur, ihr stört sie nicht...

Moritz Heimann,

Veränderte Landschaft, 1918

... Wie sieht der Wald aus? Ist wieder gefällt? Sind die alten Stämme abgefahren? Ist das Reisig, das ich häufte, schon verwittert? Ich vermisse die Waldwege um Grünheide. Schönere gibt es auf der Welt nicht. Ich wollte, sie wären hier. Hier gibt es fast keinen Baum. Hier ist alles Gestein...

... Wäre Grünheide nicht so schön und einzigartig, ich hätte dort nicht so viele und so wichtige Jahre meines Lebens verbracht...

Hier ist eine fremde Welt, an die ich mich nie gewöhnen werde. Ich war mir näher in Grünheide...

Georg Kaiser,

Briefe aus dem Exil in der Schweiz an die Tochter Sibylle und den Sohn Laurent, 1939

1. Eine Wald- und Seenlandschaft lädt ein

Grünheide bietet den Urlaubern und speziell den Naturfreunden, die gern zu Fuß, mit dem Rad oder dem Boot unterwegs sind, viele Möglichkeiten der Erholung und Entspannung.

Das vorliegende Büchlein hat zum Inhalt, den Touristen und Bewohnern in knapper Form einen Überblick über die Grünheider Region sowie zahlreicher Varianten für erlebnisreiche Ausflüge zu bieten. Die Vorzüge der Landschaft bestehen aus zusammenhängenden Wäldern, schönen Badeseen und Angelgewässern, einer vielfältigen Pflanzen- und Tierwelt, einem romantischen Flußtal sowie einer günstigen Anbindung an den öffentlichen Verkehr und an das Straßennetz einschließlich Autobahn. Zudem ist die Hauptstadt Berlin ganz in der Nähe, so daß man bei schlechtem Wetter weltstädtische Sehenswürdigkeiten aufsuchen kann.

In der Umgebung sind nicht nur Höhenketten, Gewässer und Wälder besuchenswert, sondern auch Attraktionen wie die Woltersdorfer Schleuse, der Industrie-Museumspark in Rüdersdorf oder das Gerhart-Hauptmann-Museum in Erkner. Entfernt man sich mit dem Rad etwas weiter vom Ort, dann lernt man verträumte Dörfer sowie mittelalterlich geprägte oder modernere Städte oder auch abgelegene Einzelgehöfte kennen. Oft sind die Orte durch Alleen miteinander verbunden.

In der zweiten Hälfte des 19. Jahrhunderts wurde Grünheide aus seinem Dornröschenschlaf geweckt und touristisch erschlossen. Straßen-, Bahn-, Schiffs- und später auch Autobusverbindungen brachten den Ort näher an die erholungssuchenden Berliner heran. Die meisten kamen an den Wochenenden, andere richteten sich für längere Zeit ein. Wer es sich leisten konnte, siedelte sich an, manche davon lediglich mit einem Sommersitz.

Bildende Künstler und Schriftsteller haben ihre Spuren hinterlassen. Aus dem Jahre 1907 stammt das Gemälde "See in der Mark bei Grünheide" von Walter Leistikow, und 1932 schrieb Georg Kaiser sein Peetzsee-Drama "Der Silbersee". Gerhart Hauptman trug sich mit der Absicht, auf der Lindwallinsel ein Haus zu bauen. Der Verleger Ernst Rowohlt hatte in seiner Grünheider Villa zahlreiche Autoren zu Gast.

Diese Beispiele ließen sich fortsetzen. Aber nicht nur professionelle Künstler kamen und nahmen das Gebiet eines "märkischen Interlaken", wie manche den Ort nannten, in ihr Schaffen auf. Groß waren die Möglichkeiten, die der Ort künstlerisch interessierten Menschen bot. Sie trugen alle dazu bei, daß Grünheide als ein Kleinod der brandenburgischen Landschaft über die Orts- und Kreisgrenzen hinaus bekannt wurde.

Dieses Anliegen wollen wir weiter fördern, und Sie, liebe Leser, sind eingeladen, die Natur an den verträumten Waldwegen und an Gewässern, die Nachbarorte, die weitere Umgebung und nicht zuletzt Grünheide selbst mit seinen Ortsteilen näher kennenzulernen.

2. Zur Entstehung der Landschaft

Die heutige Oberflächengestaltung der brandenburgischen Landschaft hat sich vor vielen tausend Jahren nach der letzten Etappe des Eiszeitalters, der sogenannten Weichseleiszeit, gebildet. Damals hinterließen die schmelzenden Inlandgletscher ihre von Skandinavien mitgeführten Sande und Gesteine. Ebenen und Anhöhen sowie Seen und Flüsse erhielten ihr Gepräge.

In Grünheide und Umgebung entstand eine Landschaft mit vielfältigen Formen. Besonders reizvoll ist die sich von Liebenberg über Kagel und durch Grünheide bis nach Erkner hinziehende Seenkette. Es handelt sich dabei um eine Querrinne in Richtung des Urstromtales der Spree. Nicht weniger schön ist das östlich davon verlaufende Tal der Löcknitz. Westlich des Ortes zieht sich ein Höhenzug entlang. Dahinter trifft man auf die nächste Querrinne mit den Gewässern zwischen Hennickendorf, Rüdersdorf, Woltersdorf und Erkner.

In Rüdersdorf kommt das voreiszeitliche unterirdische Gebirge mit seinem Kalkgestein an die Oberfläche und sorgt für eine zusätzliche touristische Attraktion. Große zusammenhängende Waldflächen, idyllische Badeseen und liebliche Täler bestimmen die nähere und weitere Umgebung.

Im Umfeld von Grünheide gedeiht eine abwechslungsreiche Pflanzenwelt. Schließlich gibt es sowohl sandigen, steinigen oder kalkhaltigen Boden – etwa für verschiedene Orchideenarten – als auch stehende und fließende Gewässer, Moore und Wiesen.

Der größte Teil der Grünheider Gemarkung ist dem Landschaftsschutzgebiet "Grünau–Grünheider Wald– und Seengebiet" zugeordnet. In diesem Gebiet befinden sich mehrere Naturschutzgebiete und Naturdenkmäler.

Hier ist Brandenburg also keineswegs nur eine Streusandbüchse. Vielmehr wechseln bei Wanderungen und Fahrten die landschaftlichen Eindrücke ständig.

Geschichte

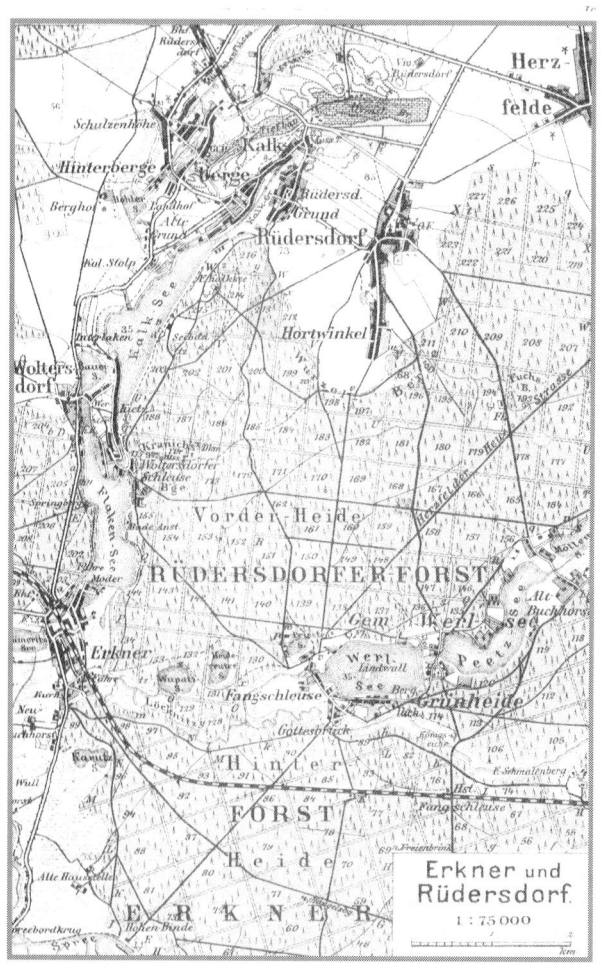

Karte des Heide–Distriktes von 1905

3. Aus der Geschichte von Grünheide

Funde auf der Lindwallinsel im Werlsee deuten darauf hin, daß bereits in der Jungsteinzeit, also vor rund 4000 Jahren, in Grünheide Menschen lebten. Später siedelten an den Gewässern Illyrer. Sie schufen schon rund 1000 Jahre vor der Zeitenwende kunstfertige Gebrauchsgegenstände, wovon Ausgrabungen zeugen. Als sie abzogen, kamen für rund 500 Jahre Germanen ins Land. Ob diese Burgunden oder Semnonen auch in Grünheide lebten, ist nicht nachgewiesen. Die Völkerwanderungszeit seit dem 4. Jahrhundert brachte die Besiedlung der Slawen mit sich. Ihre Vorliebe galt den Seen und Flußläufen. Mehrere Fundstellen um Grünheide, darunter auf der Halbinsel am Möllensee, beweisen das. Auch der Name Löcknitz wurde von der slawischen Bezeichnung für die Seerose abgeleitet.

Im 13. Jahrhundert kam die Mark Brandenburg und damit auch der südliche Teil des Barnim unter askanische, also deutsche Herrschaft. In dieser Zeit war der Grünheider Landstrich offensichtlich wegen der ungünstigen landwirtschaftlichen Nutzungsmöglichkeiten unbewohnt. Das Gebiet gehörte nun zum Klosterbesitz der in Kagel ansässigen Zisterzienser. Nach der Reformation fiel es dem kurfürstlichen Herrschaftsbereich zu. Die Waldungen wurden dem Amt Rüdersdorf unterstellt. Ein Heidereuter hatte sie zu verwalten. Die Straßenbezeichnung "Schlößchen" erinnert noch heute daran, daß der jagdliebende und zum Protestantismus übergetretene Kurfürst Joachim II. im 16. Jahrhundert auf der Lindwallinsel im Werlsee ein bescheidenes Jagdschloß errichten ließ. Im Jahre 1543 traf er sich hier mit seinem Bruder, dem Markgrafen Johann von Küstrin. In der Einladung zu dieser Begegnung fiel erstmalig die Bezeichnung "gryne Heyde" für das ausgedehnte Waldgebiet, die spätere "Große Rüdersdorfer Heyde". Als erste urkundliche Erwähnung gilt ein Dokument von 1574 über ein "Jagt Hauß zur Grun Heyde". Auf einer Karte von 1650 war das Schloß noch verzeichnet. Danach verfiel es oder brannte aus.

Im Rüdersdorfer Kirchenbuch finden sich vom Ende des 16. Jahrhunderts zwei Taufen von Kindern einer Familie Krüger, die damals im Grünheider Gebiet gewohnt hat. Sonst blieb der Forst noch menschenleer. Dann wurde am "Kleinen Wall" an der Löcknitz eine Schneidemühle errichtet. Darüber liegt eine vom Großen Kurfürsten unterzeichnete Urkunde von 1662 vor. Um 1700 entstand zwischen dem Werlsee und Peetzsee ein Teerofen, angelegt vom Teerschweler Joachim Fielitz. Zu dieser Zeit siedelte sich außerdem am Ausfluß des Werlsees zur

Löcknitz, an der Mielenz, der Schleusenwärter und Holzfäller Martin Große an. Ein hier angelegtes Wehr diente dazu, das Wasser der Seenkette anzustauen und mit dem Öffnen das Flößen von Baumstämmen in Richtung Flakensee zu bewerkstelligen.

Erst Mitte des 18. Jahrhunderts wurden im Zuge der Besiedlungspolitik Friedrichs des Großen mehrere Familien als Bewohner der "Königlichen Rüdersdorfschen Heide 'auf Grüne Heyde'" ansässig. Zunächst waren es neben dem Teerbrenner ein Holzschläger, vier Büdner unnd drei Mietsleute. Bald wurde aber auch ein Krug, also ein Gasthaus, erwähnt. Das ist ein Zeichen dafür, daß zu dieser Zeit Reisende unterwegs waren und hier einkehrten. Ihre Wege führten wahrscheinlich von Rüdersdorf in Richtung Storkow oder von Berlin über Erkner in den Richtungen Kagel und Kienbaum durch die Seenkette oder an den Gewässern entlang.

Obwohl sich der Ackerbau wegen der schlechten Bodenverhältnisse nicht entwickeln konnte, stieg die Zahl der Einwohner bis zum Jahre 1800 auf etwa zweihundert. Sie lebten in den Kolonien Grünheide, Fangschleuse, Alt-Buchhorst, Bergluch und Gottesbrück sowie in der Mühle Klein-Wall. 1860 ist außerdem das Vorwerk Schmalenberg an der Löcknitz erwähnt, wo an einem noch heute abgelegenen Standort eine Försterei angelegt wurde.

Um diese Zeit durchschnitt bereits die Bahnstrecke von Berlin über Frankfurt/Oder in Richtung Schlesien den Kiefernforst bei Grünheide und erschloß bald mit dem Bahnhof Fangschleuse die Landschaft für Gäste aus der Hauptstadt. Man kam aber nicht nur zur Erholung, sondern fuhr gern auch mit Maiglöckchen,

Löcknitzbrücke in Fangschleuse um 1900

Erstes Restaurant von "Vater Fielitz", im Vordergrund der Sohn des Wirts.

Blaubeeren, Pilzen oder Heidekraut zurück.

Bis zur Mitte des 19. Jahrhunderts wurden die noch kleinen und verstreut liegenden Ansiedlungen als Kolonien bezeichnet. Um 1860 gab es die Benennung "Landgemeinde Dritter Heidedistrikt".

Die weltliche und geistliche Verwaltung ging damals von Rüdersdorf aus. Im Jahre 1889 wurde der Name Werlsee für die Gemeinde eingeführt. Erst 1934 erfolgte die Umbenennung in Grünheide. Damit wurde die alte historische Bezeichnung des Kernortes zwischen Peetz- und Werlsee für alle Ortsteile übernommen.

1890 hatte Werlsee rund 1000 Einwohner. Jetzt war die Notwendigkeit für eine eigene Kirche herangereift. Sie entstand auf dem sogenannten Kellerberg und wurde im Jahre 1892 eingeweiht. Das eigenständige Pfarramt ist erst 1920 eingerichtet worden.

Auch die wirtschaftliche Entwicklung Berlins blieb nicht ohne Einfluß auf Grünheide. Die Mielenz und die Löcknitz wurden schiffbar gemacht, damit man Ziegelsteine von Herzfelde, die mit einer Anschlußbahn bis zum Möllensee transportiert wurden, per Schiff nach den Baustellen der Metropole weiterbefördern konnte, später auch Kies aus einer Grube in der Nähe des Möllensees.

Um 1880 begann der Verkehr der Fahrgastschiffahrt von Berlin über Erkner und Woltersdorf bis zu den Grünheider Seen. Vor allem dadurch etablierte sich der Ort als Erholungszentrum. Besonders an den Wochenenden wimmelte es bereits damals von Gästen. In diesem Zusammenhang ist der zeitweilige Aufschwung des Schiffergewerbes zu sehen. Zur Jahrhundertwende sollen etwa siebzig Familien des Ortes davon gelebt haben. Im Ortsteil Fangschleuse siedelten sich vorwiegend Arbeiter mit Tätigkeiten in Erkner oder Köpenick an, aber auch einige Gewerbetreibende. Es tauchten nun immer mehr Berliner aus der wohlhabenden Gesellschaft auf, um vor allem an den Ufern des Peetz- und des Werlsees Land zu erwerben und Sommersitze anzulegen.

Auch Künstler zog es in das "Märkische Interlaken", wie einige von ihnen den Ort bezeichneten. Der Maler Walter Leistikow schuf einige seiner schönsten brandenburgischen Landschaftsbilder an den Grünheider Seen. Während der Plan von Gerhart Hauptmann, sich auf der Lindwallinsel im Werlsee einen Wohnsitz zu schaffen, aus klimatischen Erwägungen scheiterte und Dichter des Friedrichshagener Dichterkreises und andere nur kurzfristig zu Gast waren, nahm der seinerzeit berühmte Dramatiker Georg Kaiser hier von 1921 bis zur Emigration 1938 seinen festen Wohnsitz. Zu seinen Gästen gehörten Bertolt Brecht und der "Dreigroschenoper"-Komponist Kurt Weill. Dieser vertonte auch drei Dramen Kaisers, darunter "Der Silbersee", mit dem Peetzsee als Umfeld der Handlung. Der bekannte Verleger Ernst Rowohlt lebte ebenfalls längere Zeit in Grünheide und empfing in seinem Haus viele Gäste, von denen Hans Fallada noch am meisten im Bewußtsein der Leser ist.

Nach dem Ersten Weltkrieg etablierte sich ein Verschönerungsverein, der für den Urlaubsort warb und auch sonst viel tat, um den Gästen einen schmucken Ort zu präsentieren sowie Wanderwege anzulegen. In den dreißiger Jahren beging man Heimatfeste, die nach dem Zweiten Weltkrieg nicht neu auflebten. Dafür gab es Sommerfeste. Mehrere traditionsreiche Gaststätten wurden Betriebsferienheime. Viele Grundstücke, von den Besitzern im Naziregime und im SED-Staat verlassen, gingen an Parteien und Ministerien oder an Funktionäre über.

Prominentester Bewohner wurde der Wissenschaftler und DDR-Regimekritiker Robert Havemann, der seit 1982 auf dem Grünheider Friedhof ruht.

Obwohl noch jetzt – 1996 – manche Häuser und Grundstücke als ungeklärter Besitz weder für Urlauber noch als Wohnungen genutzt werden können, bieten sich heute den Gästen dennoch viele Möglichkeiten für anspruchsvolle Übernachtung und Versorgung. In den Sommermonaten gibt es zusätzlich im Ort, an den Badestränden und auf den Campingplätzen Verpflegungskioske.

Das jährliche Heimatfest seit 1995, Kirchenkonzerte und andere Veranstaltungen bieten kulturelle Abwechslungen.

4. Naturbeobachtungen im Jahreslauf

von Wolfgang Gedat

Zunächst einmal gilt es festzustellen, daß unsere "Grüne Heide" zu jeder Jahreszeit und so ziemlich bei jedem Wetter ihre Reize birgt. Der Besucher muß mit wachen Sinnen und offenen Augen gehen, um diese Reize zu entdecken.

Der verschneite Winterwald gibt uns Kunde von den Tieren des Waldes. Da sieht man die zierliche Fährte der Rehe, aber auch die viel größere der Rothirsche. Diese darf aber nicht mit der des Wildschweines verwechselt werden. Der eindeutigste Unterschied ist der Abdruck der Afterklauen beim Wildschwein. Aber das Wildschwein verrät seine Anwesenheit im Wald ja noch viel deutlicher. Überall ist der Boden umgebrochen. Das waren die Schwarzkittel auf ständiger Suche nach etwas Freßbarem, was in der Erde verborgen ist und verlockend duftet. Seien es Mäusenester, Pilze, Wurzeln, Engerlinge, Ratten oder Aas. Die Sauen spüren alles auf. Damit lockern sie die Erde und sorgen so ungewollt für eine gute Durchlüftung des Bodens.

Nicht gerade günstig für den Jungwald sind Spuren am Stamm, als hätte jemand mit dem Messer Rinde abgeschält. Das sind die Schälspuren des Rotwildes. Mit den Schneidezähnen des Unterkiefers schälen die Hirsche Rinde ab.

Auf den Waldwegen kann man im Schnee die Schnurspur des Fuchses, Hasenspuren, die zierliche Eichhörnchenfährte, Trippelspuren der Mäuse und die Sprung-

Rotwild im Fürstenwalder Heimattiergarten

spur des Baummarders entdecken.

Aber auch Vögel sind da. Am Stamm der Bäume laufen die Kleiber kopfabwärts herum, während die Baumläufer in ihrem rindenfarbenen Federkleid mäuseflink den Stamm hinaufrutschen. Buntspechte hämmern an der lockeren Rinde abgestorbener Äste, um Kerfe zu finden. Hin und wieder hört man den flötenden Ruf des Schwarzspechtes oder man sieht den krähengroßen Vogel im Bolzenflug über die Kiefernschonung fliegen. Auch den Grünspecht kann man sehen. Oben im Geäst tummeln sich Kleinvogelschwärme. Es sind Kohlmeisen, Blaumeisen, Goldhähnchen, Schwarzmeisen, dazwischen Hauben- und Weidenmeisen.

Über dem Löcknitztal kreist der Mäusebussard. Am Wasserfall der Wallbrücke bleibt die Löcknitz offen. Hier stehen ein oder zwei Reiher auf dem Eis. Sie versuchen immer wieder bei uns zu überwintern. Manchmal klappt es und wenn nicht, dann haben die Wildschweine wieder etwas zu futtern. An dem Wasserfall kann der aufmerksame Betrachter des öfteren auch eine Wasseramsel entdecken. Dieser amselgroße Vogel mit dem hellen Brustfleck und dem Zaunkönigsgehabe ist bei uns Wintergast. Im Sommer lebt er an den Gebirgsbächen. Die Wasseramsel ist der einzige heimische Singvogel, der auf dem Gewässergrund auf Futtersuche geht.

Wenn nicht gerade Schnee liegt, kommen botanisch interessierte Wanderer auf ihre Kosten. Fehlen auch die Blüten überall, so gibt es doch speziell in der Bauernheide, dem Gebiet zwischen Löcknitz und Möllensee, eine Vielzahl von Moosen, Flechten (auffällig die Becherflechte und die Rentierflechte) und verschiedene Arten des Wintergrüns, z.B. das Birnblät-

trige, Rundblättrige und Einblütige Wintergrün. Auch der Schlangenbärlapp und verschiedene Farne, u.a. der Engelssüßfarn, kann dort gefunden werden. Alle diese Pflanzen sind Relikte der Eiszeit, die auf dem sehr nährstoffarmen, tundrenähnlichen Kiessandboden der Bauernheide gedeihen.

Im März beginnt man bereits den Frühling zu ahnen. Die Graureiher sind aus ihren Winterquartieren zurückgekehrt und stehen etwas ratlos auf dem zugefrorenen Peetzsee. Aber bald sind genug eisfreie Uferstellen vorhanden, von wo aus sie ihre Jagd auf Fische ausüben können. Reiher sind Stoßfischer. Sie stehen unbeweglich im seichten Wasser und lauern: Sobald ein Fisch vorbeikommt, stoßen sie blitzschnell mit dem langen spitzen Schnabel zu. Die alte Reiherkolonie, von ihr hat die Straße "Am Reiherhorst" in Alt-Buchhorst ihren Namen, ist Anfang der achtziger Jahre erloschen. Hier brüteten jährlich 35–40 Paare der Graureiher. Langsam entsteht nun eine neue Kolonie in der Nähe des Möllenseekanals. Wenn man in Alt-Buchhorst den Berg am "Feldweg" herunterkommt, kann man geradeaus in den Kronen der großen Kiefer die Graureiher auf ihren Horsten beobachten.

Geht man den Uferweg am Kanal entlang zum Möllensee, dann findet man in Frühjahr überall den weißblühenden Waldsauerklee. Die kleeähnlichen Blätter schmecken säuerlich, haben aber mit Klee nichts zu tun. Dazwischen blüht das Veilchen. Im Mai findet man weiter vorn auch den Waldmeister aus der Familie der Labkräuter. Geht man den Weg weiter, so kommt man hinter dem Gelände der ehemaligen Touristenstation, Am Sprudel, an ein wunderschönes großes Vorkom-

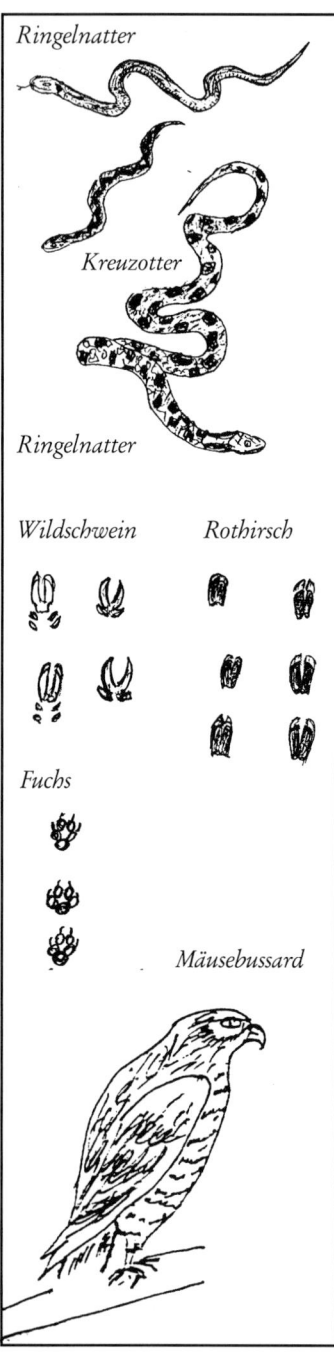

men des Leberblümchens. Seine Blüten sind blaßlila. Die Blätter sehen dreilappig aus. Zwischen dem Violett sind gelbe Blüten zu sehen. Sie sitzen auf merkwürdig geschuppten Stielen. Blätter fehlen noch, die kommen erst, wenn der Hutflattich verblüht ist.

Es lohnt sich, den Weg um den Möllensee fortzusetzen. In den trockeneren Heidebereichen blüht gelb das Frühlingsfingerkraut. Auf der anderen Möllenseeseite liegt ein größerer Quellbereich. Jeder dieser kleinen Möllenseezuflüsse entspringt aus einem Quelldelta. Hier blühen im April das Milzkraut und die Brunnenkresse, die eßbar ist, aber einen scharfen Meerrettichgeschmack hat.

Auf dem Wasser des Möllensees tummeln sich Pärchen der Haubentaucher, da sieht man Höckerschwäne, Stockenten und Bleßhühner und mit etwas Glück auch Bleßenten und Schellenten.

Im Quellwald singen Zaunkönig und Weidenlaubsänger, während weiter oben im Kiefernwald der Fitislaubsänger zu hören ist. Auch Amsel, Singdrossel, Buchfink und im Mai dann die Mönchsgrasmücke kann man dort hören. Mit viel Glück kann man auch den selten gewordenen Eisvogel, wie einen fliegenden Edelstein glitzernd, vom Kieskanal kommend, über den Möllensee sausen sehen.

Auch im Löcknitztal ist der Frühling mittlerweile eingezogen. Gelb leuchten die Blütenstaude der Sumpfdotterblumen im Erlenbruchwald, während auf den Wiesen das Wiesenschaumkraut blüht. Zart wie Schaum, weiß bis rosa schimmern die Blüten. Am sonnigen Südhang blühen an den baumfreien Stellen das Kleine Habichtkraut und das Frühlingsfingerkraut. Dürftig, unscheinbar blühen auch der Kleine Ampfer und das Kleinblütige Hungerblümchen. Durch die Sonnenstrahlen geweckt, kommen die Falter aus ihren Winterquartieren. Nun sehen wir den gelben Zitronenfalter auf Partnersuche ebenso wie das Tagpfauenauge, den Kleinen Fuchs und den Trauermantel. Sie müssen sich paaren, um die Arterhaltung zu sichern. Später kommen die Schmetterlinge, die den Winter als Puppe überstanden haben: Die verschiedensten Bläulingsarten, Augenfalter, Aurorafalter, Perlmutterfalter, Waldportier und Kaisermantel. Das Löcknitztal und die angrenzende Heide sind ein Schmetterlingsparadies.

Aber auch ihre Freßfeinde, die Vögel, sind gut vertreten. Grasmücken und Laubsänger, Singdrossel, Amsel, Grün- und Buchfink sind hier ebenso zu Hause wie Sumpf-, Kohl- und Blaumeise. Der Pirol ruft sein "Vater Bülow" durch das Tal. Manchmal kann man ihn sogar sehen in seinem schwarz-gelben Federkleid. Auch die Großen sind vertreten. Auf einem Baumstumpf am Löcknitzufer hockt ein Graureiher. Der Mäusebussard segelt majestätisch im Talaufwind, und wer Glück hat, sieht

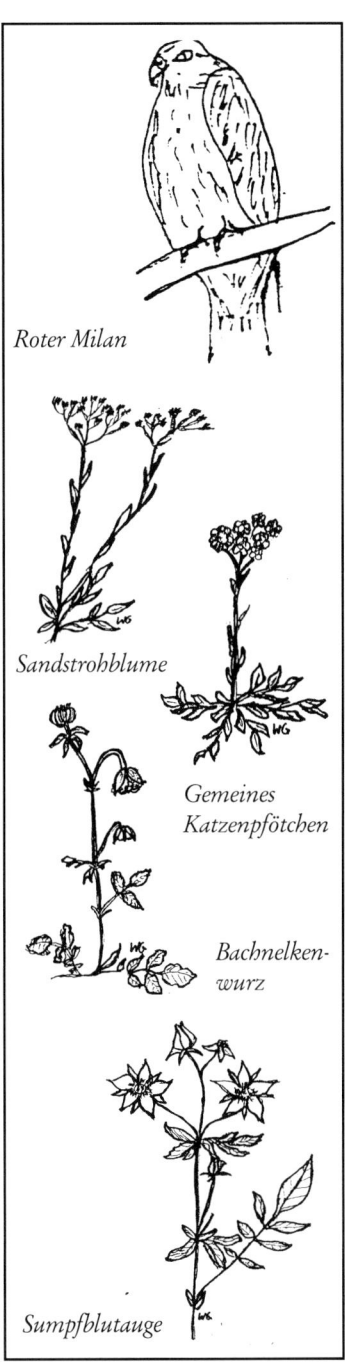

Roter Milan

Sandstrohblume

Gemeines Katzenpfötchen

Bachnelkenwurz

Sumpfblutauge

den Fischadler. Er hat hier in der Gegend seinen Horst und fliegt zum Fischfang auf den Werl- oder Peetzsee.

Am Löcknitztalwanderweg stehen in Richtung "Fontane-Kiefer" große Randkiefern. Sie haben alle ihre Äste nur auf einer Seite zur Wiese hin ausgebildet. Das ist die freie Südseite. Von hier konnte das Licht ungehindert an die Bäume. Nur wo Licht ist, läuft in den Blättern die Photosynthese ab, also werden nur auf dieser Seite die Zweige mit den grünen Nadeln ausgebildet.

Wandert man nun im Mai vom Löcknitztal hinüber zum Möllensee, findet man die Wälder voll blühender Maiglöckchen. Allerdings dauert die Pracht nur vierzehn Tage, dann ist alles verblüht. Später findet man die Vielblütige Weißwurz, auch Salomonssiegel oder Falsches Maiglöckchen genannt.

Hört man am Möllensee die Nachtigall singen, hat der Sommer seinen Einzug gehalten. Geht man still durch den sonnenbeschienenen Kiefernwald, kann man vielleicht die Ricke mit dem Rehkitz oder auch die Hirschkuh mit ihrem Kalb erblicken.

Dem Rotfuchs gefällt die Sonne genau wie uns. Da kann es schon mal vorkommen, daß er auf dem sonnigen Waldweg entlangdöselt und den Menschen nicht bemerkt. Ein Händeklatschen schreckt ihn auf, und pfeilschnell verschwindet er im Unterholz.

Nun grünt und blüht es überall. Wer sich botanisch auskennt, kann im vollen schwelgen und neben Bekanntem auch Raritäten entdecken. Aber bei der Vielzahl gut bebilderter Pflanzenbücher wird es auch dem interessierten Laien nicht allzu schwer fallen, die eine oder andere Blume zu bestimmen.

Wiederum lohnt sich eine Wanderung um den Möllensee. Leberblümchen und Huflattich sind längst verblüht, man findet nur noch ihre markanten Blätter. Statt dessen blühen nun der Odermenning, die Große Bibernelle, die Hirschwurz, das Mittlere Hexenkraut, die Wilde Möhre und der Wiesenkerbel. Hinterm Kaberluch gibt es noch genutzte Wiesen. Hier blühen Knabenkräuter, Schlangenknöterich, Bachnelkenwurz und herrliche Gräser.

Ähnliches finden wir nun auf den Wiesen des Löcknitztales. Auch hier blühen Knabenkräuter (zumindest das Breitblättrige und das Gefleckte) und Fingerkräuter. Am Talhang, wo es trockener ist, blüht das Silberfingerkraut und auf den feuchteren Wiesen das Aufrechte Fingerkraut, auch Tormentill oder Blutwurz genannt. Es hat als einziges Fingerkraut nur vier Kronblätter, und die Wurzel sondert einen roten Saft ab, deshalb der Name.

Im Wasser der Löcknitz blühen die Sumpfcalla, der Zungenhahnenfuß, die Gelbe Teichrose, das Pfeilkraut und das Sumpfvergißmeinicht.

Im Erlenbruchwald blühen das Sumpfhelmkraut und der Sumpfhaarstrang, während nebenan auf den Wiesen der Scharfe Hahnenwasserdost, auch Kunigundenkraut genannt, aber auch die Bachnelkenwurz, der Schlangenknöterich und der Pfefferknöterich sowie der Wiesenkerbel blühen. Natürlich steht nicht alles an einem Fleck, und man muß schon laufen und suchen, um alles zu finden.

Auf den trockneren, anmoorigen Wiesen sind größere Pfeifengrasbestände, wo auch Fieberklee und Federnelke vorkommen. An einigen Stellen des Teilhanges ist die ästige Graslilie zu finden. An dieser Stelle erscheinen ein paar mahnende Worte an die Blumensammler angebracht.

Blumen, das heißt Pflanzen, haben ein Recht auf Artentfaltung wie Tiere und Menschen. Mit welchem Recht pflückt der Mensch sie ab? Bloß weil sie ihm

gefallen, weil sie selten sind? Manchmal wandert das einzige noch vorkommende Exemplar in eine Blumenvase und dann auf den Kompost. Warum? Wir nehmen doch auch nicht jeden Vogel, der uns gefällt mit nach Hause. Also bitte, liebe Naturfreunde, laßt die Pflanzen stehen, erfreut euch an ihnen ebenso wie am Vogelgesang, aber laßt sie an ihrem Ort weiterleben!

Die Löcknitz hinter Klein-Wall flußaufwärts ist wenig begangen. Vielleicht gerade deshalb birgt dieser Teil so manches Kleinod. Hier sind noch der Fischotter, der Kranich und die Sumpfschildkröte (das Wappentier Grünheides) zu hause. An den sonnigen Talhängen lebt die Zauneidechse sowie die Ringelnatter, die gern im Fluß badet und vorzüglich schwimmt. Außerdem kommt im Löcknitztal die oft mit der Kreuzotter verwechselte Glattnatter vor. Während die Kreuzotter als Rückenzeichnung ein durchgehendes Zickzackband aufweist, hat die Glattnatter eine links- rechts versetzte Würfelzeichnung, auf dem Rücken nicht durchgehend. Die Ringelnatter ist glatt auf dem Rücken und hat am Kopf links und rechts je einen gelben Halbmondfleck, das Ringel (vergleiche Ringeltaube, Ringelgans). Alle heimischen Schlangen und Eidechsen stehen unter Naturschutz!

Zu erwähnen wäre noch ein Einwanderer im Löcknitztal und Grünheider Seengebiet: der Mink. Er stammt ursprünglich aus Nordamerika, wurde in der Berliner Gegend in Pelztierfarmen gehalten, von wo er ausriß und die Nische entdeckte, die ursprünglich vom europäischen Nerz besetzt war. Dieser ist längst ausgerottet, und so hat sein amerikanischer Vetter das genutzt.

Das Löcknitztal von der Großen Wallbrücke (Nähe Bahnhof Fangschleuse) bis nach Kienbaum steht unter Naturschutz.

Etwa 3 Kilometer oberhalb von Klein-Wall befindet sich ein kleines Moorgebiet, das zum Naturschutzgebiet gehört, das Porst- oder Postloch. Beide Namen sind gebräuchlich. Post ist in diesem Falle die Verballhornung von Porst. Es geht um den Sumpfporst, auch Wilder Rosmarin genannt. Früher häufig, kommt er heute nur noch in einigen Resten vor. Das Porstluch ist ein ehemals eiszeitliches Restloch, ein kleiner Waldweiher, der allmählich zuwuchs, verlandete und ein Hochmoor wurde. Dieses wurde im vorigen Jahrhundert als Torfabbaugebiet von den Kagelern und Kienbaumern genutzt: Inzwischen ist fast ein Jahrhundert vergangen. Die natürliche Vegetation hatte also Zeit, sich wieder auszubreiten. Nun findet man dort, je nach ursprünglicher Abbauintensität, alle Sukzessionsstufen vom kleinen Moortümpel, dem Moorauge, über Flachmoor, Zwischenmoor, Hochmoor bis zum Kiefernwald mit den entsprechenden Pflanzen: im Tümpel die Weiße Seerose, Rohrkolben und Schilf, im Flachmoor die Grausegge, Fuchssegge, das Vollblütige Wollgras und das Sumpfblutauge, im Hochmoor das Widertonmoos, die Moosbeere, den Rundblättrigen Sonnentau und das Scheidige Wollgras, um nur einige Pflanzen zu nennen.

Gehen Sie keinesfalls allein in das Moor. Erstens ist es Naturschutzgebiet, und zweitens ist es gefährlich. Sollten Sie dennoch daran interessiert sein, wenden Sie sich an die örtliche Naturschutzgruppe, von der Sie weitere Informationen erhalten können.

Inzwischen ist auch in der Bauernheide der Sommer eingezogen. Überall blüht es. Der nährstoffarme, trockene Boden hat eine typische Vegetation hervorgebracht. Überall an den sonnigen Stellen findet man die Sandstrohblume, die fälschlicher Weise als Katzenpfötchen bezeichnet wird. Aber hier, etwas im Schatten, blüht auch das wirkliche, das Zweihäusige Katzenpfötchen. An einer Stelle stehen die männlichen Pflanzen und etwas weiter die weiblichen. Sie unterscheiden sich farblich voneinander. Außerdem finden wir die sonst so seltene, hier überall blühende Golddistel und auch das Scharfe Berufskraut, das gar keine Ähnlichkeit mit dem aus Kanada eingeschleppten lästigen Unkraut, dem Kanadischen Berufskraut hat. Ansonsten blühen dort das Kleine Habichtskraut, das Waldhabichtskraut, das Sandferkelkraut, um den Johannistag (24.6.) das Johanniskraut und auch die Wintergrüne.

Am Wegrand stehen die Rentierflechte, die Becherflechte, das Becherkraut und manch anderes.

Auf den Kahlflächen inmitten der prallen Sonne hat sich das Kanadische Berufskraut total ausgesäumt. Aber auffällig sind die mehr als zwei Meter hohen Blütenstauden der Königskerze, ebenso die der kleineren Nachtkerze, die ihre großen gelben Blüten erst in der Dämmerung entfalten, um für die Nachtschmetterlinge bereit zu sein.

Dort finden wir auch den Besenginster und an den Waldrändern den viel kleineren Färberginster. Beeindruckend sind in der Bauernheide auf jeden Fall die prachtvollen Wacholdersträucher, die in großer Anzahl vorkommen und an einigen Stellen eine beachtliche Höhe erzielt haben. Zum Herbst hin ist die Bauernheide das ideale Pilzgebiet. Es war der Geheimtip. Inzwischen findet man dort oft mehr Pilzesucher als Pilze.

Aber noch ist es Sommer, und wir kehren zum Löcknitztal zurück. Die Hitze und Trockenheit lassen den Wanderer ermatten. Plötzlich ein herzlich erlabender Duft. Er geht von einer Pflanzengruppe mit kleinen gelben Blütchen und quirlständigen Blättern aus. Es ist das Echte Labkraut. Unten auf der Wiese weißblühend als Wiesenlabkraut mit den zarteren Blättchen und oben in der Heide das nordische Labkraut. Labkräuter enthalten ein Ferment, welches die Milch auskäsen läßt, deshalb haben die Hirten früher die zum Käsen vorgesehene Milch entweder durch ein aus Labkraut geflochtenes Sieb gefiltert, oder sie haben ein Sträußchen Labkraut hineingetan. Übrigens gehört der Waldmeister auch zu den Labkräutern.

Es lohnt sich aber, weiter die

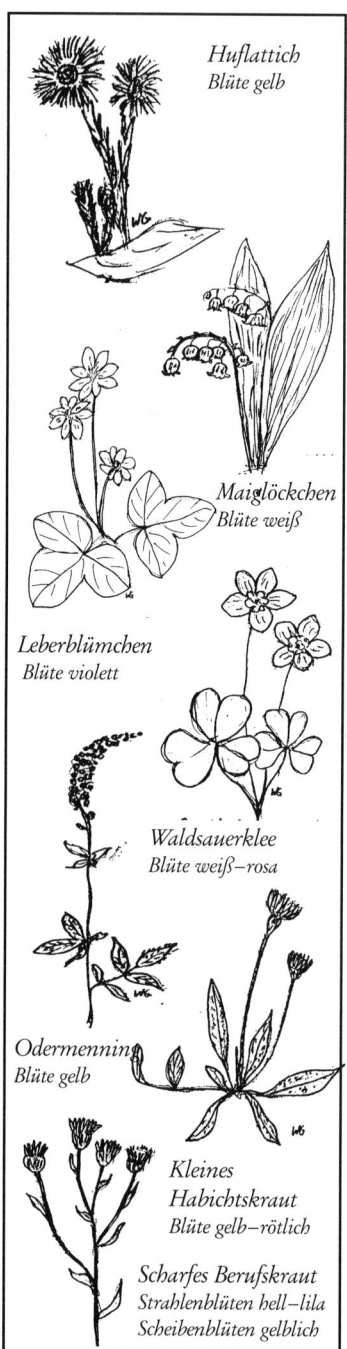

Huflattich
Blüte gelb

Maiglöckchen
Blüte weiß

Leberblümchen
Blüte violett

Waldsauerklee
Blüte weiß–rosa

Odermennig
Blüte gelb

Kleines Habichtskraut
Blüte gelb–rötlich

Scharfes Berufskraut
Strahlenblüten hell–lila
Scheibenblüten gelblich

Heide zu durchstreifen. Auf den Kahlflächen kann man den Steinschmätzer und die Heidelerche fliegen sehen. Am Waldrand singt die Grauammer. Die Goldammer läßt immer wieder ihr eidringliches "Ich, ich, ich hab dich liiieb" ertönen. An die Märchenfilme der Kindheit wird man erinnert, wenn man gerade eine kleine Fichtendickung durchstreift und dabei den schaurig anmutigen Ruf des Kolkraben hört.

In der Luft über Heide und Seen können wir den Mäusebussard segeln sehen. Mit ausholenden Flügelschlägen zieht der Rote Milan, zu erkennen am tief gegabelten Schwanz, entlang. Hin und wieder huschen ein Sperber oder ein Baumfalke vorbei, während der Habicht auffälliger fliegt und der Turmfalke in der Luft über der Löcknitzwiese rüttelt.

Den Schwarzen Milan sieht man kaum noch und die wunderschöne Blauracke ist seit etwa 20 Jahren ganz verschwunden. Früher brütete sie in den verlassenen Höhlen des Schwarzspechtes.

In Richtung Kagel ist der ursprünglich saure Heideboden inzwischen immer kalkhaltiger geworden. Das Zementwerk Rüdersdorf hat die Gegend jahrzehntelang mit Kalkstäuben aus seinen hohen Schornsteinen berieselt. Das wirkt sich auf die Pflanzenwelt aus. Immer mehr Orchideen findet man, allen voran das Rote und das Bleiche Waldvöglein an den feuchten Stellen Knabenkräuter, auch das Bittersüße Kreuzblümchen, das Turmkraut und den Wundklee.

Von den Borretschgewächsen entdecken wir auf den sonnigen Kahlflächen den blau blühenden Natternkopf. An etwas schattigeren Stellen, z.B. am Kieskanal, steht die Ochsenzunge und in Richtung Bahnhof Fangschleuse das Mönchskraut. Auf den Feuchtwiesen blüht blau und weiß der Beinwell.

Der Sommer neigt sich dem Ende zu. Die Heidelbeeren sind bereits gepflückt, uch die Walderdbeeren. Nun sind die Himbeeren und bald darauf die Brombeeren reif. Auf den trockenen sauren Heideflächen leuchtet korallenrot die Preißelbeere mit ihrem angenehm herb-säuerlichen Geschmack.

Das Heidekraut blüht. Es ist September. Etliche Sommervögel sind unauffällig bereits in Richtung Süden verschwunden. Es wird Herbst. Bald färbt sich das Laub an den Bäumen. Auffällig ist das Rot der Roteiche zwischen dem Gelb des Ahorns. Wer Farben liebt, sollte nun einen Heidespaziergang nicht versäumen.

Auf den Stromleitungen in der Nähe des Möllenseekanals sammeln sich die Schwalben. Manchmal sitzen an die zweihundert fröhlich zwitschernd beisammen. Nach ein paar Tagen sind auch sie verschwunden. Die Wildgänse ziehen vorüber, ohne hier zu rasten, denn es fehlen die großen Freifeldflächen. Die Kraniche vom Löcknitztal schließen sich den ziehenden Kranichsschwärmen an, und die Graureiher verschwinden Ende Oktober oder Anfang November in Richtung Süden. Den Abflugtermin kann man nie so genau sagen, denn es versuchen immer wieder einige, mehr oder weniger erfolgreich, bei uns zu überwintern.

Die Wildschweine ziehen nun aus dem Wald immer mehr in Ortsnähe. Sie wühlen auf den Campingplätzen nach Mäusen, die – durch die Zeltler und deren Essen angelockt – dort leben. Aber sie dringen sogar in die Grundstücke ein und suchen auf dem Komposthaufen oder in den Mülltonnen nach Freßbarem.

Die Seen bedecken sich mit einer

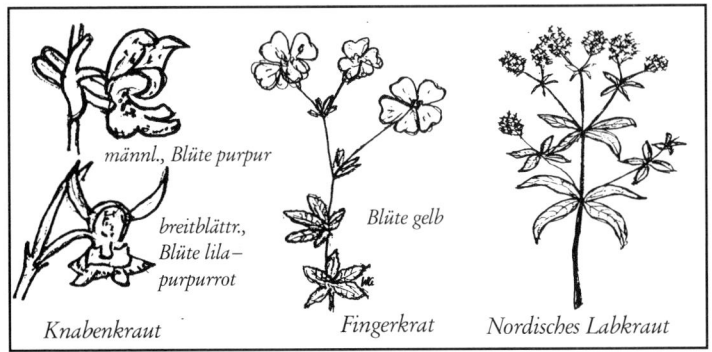

männl., Blüte purpur

breitblättr., Blüte lila-purpurrot

Blüte gelb

Knabenkraut   Fingerkrat   Nordisches Labkraut

dünnen Eisschicht, die von Nacht zu Nacht dicker wird, solange der Frost anhält.

Am Peetzsee bleibt an der Badestelle noch lange ein Eisloch offen. Eine darunter befindliche Quelle verhindert vorläufig das Zufrieren. Hier sammeln sich die überwinternden Wasservögel. Stockenten, Reiherenten, Schellenten, Bleßhühner und Höckerschwäne findet man in trauter Runde. Aber eines Tages sind auch sie verschwunden, denn das Loch ist zugefroren.

Oben am Uferhang befindet sich eine Stieleichengruppe. Hier lärmen die bunten Eichelhäher bei ihrer Nahrungssuche. Die Krähen geben merkwürdige Rufe von sich. Sie bläken, sagen die Einheimischen. Wenn die Krähen bläken bedeutet das, daß neue Kälte und mit ihr große Krähenschwärme aus dem Osten kommen. Und richtig, am nächsten Tag tauchen die schwarzen Saatkrähen in großen Schwärmen vermischt mit Dohlen auf. Sie fallen abends in in die großen Bäume gegenüber vom Friedhofsberg in Grünheide oder in die Stieleichen am Reiherhorst ein. Morgens fliegen sie in Richtung Berlin zu den Müllkippen, und abends sind sie wieder da. So geht das einige Tage. Dann sind sie fort und es wird wieder eimal wärmer, zumindest bis zum nächsten Kälteeinbruch.

So hat sich unser Jahreskreis geschlossen. Natürlich gibt es noch mehr in Grünheides Wäldern, Auen und Heiden sowie auf und an den Gewässern zu entdecken, doch das würde ein größeres Buch füllen.

Ich wollte lediglich die interessierten Wanderer, aber auch die Grünheider Einwohner anregen, öfter mit offenen Augen und Ohren durch unsere schöne Natur zu streifen – Neues zu entdecken und sich daran zu erfreuen.

Gleichzeitig sollten alle mithelfen, diese Natur zu erhalten und nicht zu verschmutzen und zu zerstören. Aber das sind sowieso immer die anderen.

Wolfgang Gedat

5. Spaziergänge durch Grünheide

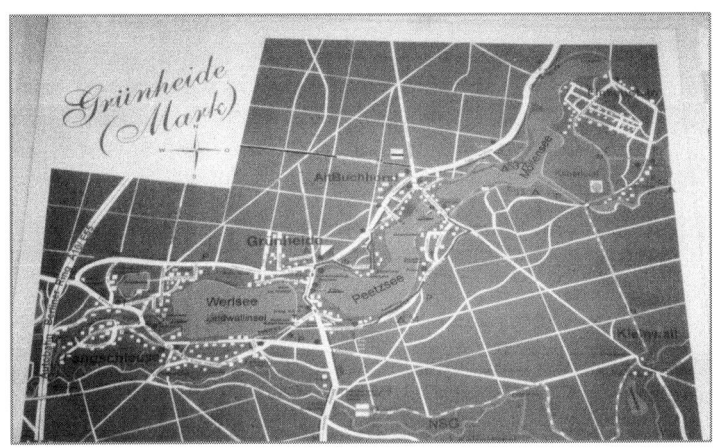

Rund um den Werlsee
(Etwa 7 Kilometer)

Um den Werlsee herum gibt es kaum Uferwege. Dafür lernt man bei der Umwanderung des Gewässers Grünheide und dessen Ortsteil Fangschleuse sowie den Priestersee ausführlich kennen.

Ausgangspunkt ist die Bus-Haltestelle im Ortszentrum am Haus I der Amts- und Gemeindeverwaltung. Zur Orientierung kann ebenso das imposante Eckgebäude dienen, in dem sich auch die Filiale der Sparkasse Oder-Spree befindet. Wir laufen auf der Karl-Marx-Straße – vorbei am Ärztehaus, an der Post und an mehreren Geschäften. Hinter dem sehr gelungenen Neubau des Altenheimes der evangelischen Stephanus-Stiftung biegen wir nach rechts in die Walter-Rathenau-Straße ein. An der anderen Ecke befindet sich das Restaurant "Zur Eiche", das schon als "Milchbar" zu DDR-Zeiten einen guten Ruf besaß. Der Saal ist seit längerem gesperrt, im Garten am Kanal gibt es aber zusätzlich ein Bierlokal.

Bald erstreckt sich links das Urlauberheim vom Bundeswehr-Sozialwerk. Danach kann man links zwischen den Häusern den Werlsee erblicken. Vor der modernen "Median-Klinik" für Patienten der Neurologie und Neurochirurgie (errichtet bis 1994) müssen wir jedoch nach rechts bis zur Chaussee ausweichen und an ihr entlang den Komplex umgehen. Da die Gebäude sehr dicht an der Straße errichtet wurden, schützt eine Lärmschutzmauer.

Am Ende des Gebäudekomplexes, gleich an einem Zaun entlang

Median–Klinik

führt ein Weg zum Ufer des Werlsees hinunter; im letzten Abschnitt auf einem zum Teil rutschigen Abhang. Hinter der Umzäunung ist der Park für die Kurpatienten zu sehen.

Am See steht eine von Sitzbänken umgebene Schutzhütte. Stege und schmale Badestellen laden zum Verweilen ein. Hier wird zumeist Freikörperkultur betrieben. Ein Stück weiter durch buschiges Gelände folgt ein großer Sandstrand. Er wird im Sommer bei schönem Wetter stark besucht. Oberhalb an der Straße können nämlich auf einem Parkplatz Fahrzeuge abgestellt werden.

Inmitten des Sees liegt die Lindwallinsel. Sie wurde auch früher der Werder genannt, nach einer mittelniederdeutschen Bezeichnung für Insel. Wahrscheinlich entstand daraus über 'Werdel' der Name Werlsee. Eine zweite Variante für die Namensherkunft ist die Bezeichnung für den Adler.

Auf dem im Volksmund auch als Liebesinsel benannten Eiland stand einst ein Jagdhaus von Kurfürst Joachim II.; es verfiel, und der Boden wurde längere Zeit landwirtschaftlich genutzt. Heute finden wir noch Restgebäude aus jüngerer Zeit vor, als die Insel ein

Seniorenheim

Zeltplatz war. Um die Entstehung und Lage der Lindwallinsel ranken sich mehrere Sagen, darunter von einem Riesenmädchen, das eine Schürze voller Sand im See verloren haben soll; oder von einer verwunschenen Prinzessin, die als Nixe am Ufer der Insel auf ihre Erlösung wartet.

Hinter dem Strand folgt wieder Bebauung. Wir müssen also am Zaun eines Grundstückes bis zur Straße. Aber bereits nach wenigen Metern biegen wir nach links in die Feldstraße ein. Diese geht nach rechts in die Körperstraße über. Auf ihr bleiben wir immer geradeaus. Nach der Überquerung der Rüdersdorfer Straße wird Waldgebiet betreten. Der Fußweg gabelt sich, und wir wandern nach rechts bergab zum Priestersee.

Das nur etwa vier Hektar große Anglergewässer liegt reizvoll zwischen urwüchsigem Baum— und Strauchbestand. Bereits im Jah-

Sparkassengebäude

re 1574 tauchte im Erbregister des Amtes Rüdersdorf der Seename "Des Teufels Schicken" auf. Der Besitz gehörte dann dem Pfarramt, und deshalb bürgerte sich der Name Priestersee ein. Der Sage nach soll einst eine Kirche in diesem See versunken sein.

Man kann den Priestersee umwandern. Es gibt allerdings morastige

Lindwallinsel

Abschnitte, und nach Regenfällen ist deshalb der Weg nicht ratsam.

Der repräsentativste Bau in Ufernähe ist das Kinderheim "Schlöschen". Hier stand jedoch nicht das Jagdschloß, aber man gab der größten Villa im Umkreis die Bezeichnung Schloß. Dieses und weitere schmucke Häuser zeugen davon, daß sich in Grünheide einst wohlhabende Bürger und Industrielle ansiedelten und manche populäre Sportler, Schauspieler und Künstler zu Gast hatten.

Nach der Umwanderung gehen wir den Abhang wieder hinauf. Nun geht die Rüdersdorfer in die Straße An der Fangschleuse über. Man sieht links die Hallen einer Bootswerft-Firma. In Grünheide gibt es eine Tradition im Bootsbau. Der Name Pfennig ist außerdem im Zusammenhang mit dem Motorbootsport in Deutschland bekannt geworden.

Unser Spaziergang führt weiter bis zur Brücke über die kanalisierte frühere Mielenz. Hier in der Nähe, am Ausfluß des Werlsees, gab es bis 1874 ein Wehr mit einer Fangschleuse zum Anstauen des Wassers für das Flößen von Holzstämmen. Danach wurde die Mielenz schiffbar gemacht. Heute sind die Ufer an dem nun als

Gasthaus "Werlsee"

Biergarten und Bootsanlegestelle am Gasthaus "Werlsee"

Löcknitzkanal bezeichneten Gewässer mit Sommergrundstücken bebaut.

Hinter der Brücke bleiben wir auf dem linken Bürgersteig. Es folgen eine Gewerkschaftsschule und das schmucke "Gasthaus am Werl-see" mit Biergarten und Bootsanlegestelle. Hier ist mit mehreren Geschäften auch eine Art Zentrum des Ortsteils Fangschleuse. Links führt die Sackgasse Erlenstraße bis an den See. Daneben steht ein altes schilfrohrgedecktes Haus, und etwas weiter biegen wir in die Werlseestraße ein. An einem kleinen Park orientiert ein Übersichtsplan den Ortsfremden über Standort und Umgebung.

In der Werlseestraße

Robert-Havemann-Klubhaus

In der Werlseestraße beginnt bald ein Promenadenweg, und man sieht wiederum die Lindwallinsel. An der anderen Straßenseite fallen zwei weitere schilfrohrgedeckte Gebäude in gutem Zustand auf.

Wir kommen an der großen Gaststätte "Seeblick" vorbei, die seit 1989 noch nicht wieder geöffnet ist. Nun ist die Straße wieder beiderseits bebaut. An ihrem Ende führt ein Fußweg zur Seepromenade. Unter Pappeln laufen wir an einer Bootsausleihe vorbei bis zum Strand Eichbrand. Oberhalb des Sandabhanges lädt die "Eichbrand-Baude" zum Imbiß ein.

An der einstigen Holzablage standen früher alte Eichen. Der Name weist auf einen Brand hin, der aus nicht mehr nachvollziehbaren Gründen an dieser Stelle ausbrach.

Wenn wir durch das Dickicht am Ufer weiterwandern, folgt ein morastiger Abschitt. Der Weg wird aber schnell besser und mündet auf den Grünheider Festplatz. Am Ufer zieht sich ein Schilfgürtel hin. Von der Freilichtbühne geht man nach rechts und kommt wieder auf den Hauptweg.

Gleich links steht das Robert-Havemann-Klubhaus. Es ist die alte Schule des Ortes mit vier Klassen-

Zum Eichbrand

räumen. Jahrzehntelang diente sie als Kindergarten und wurde dann zum Kulturhaus umgestaltet. Auch die öffentliche Bibliothek hat hier ihr Domizil.

Geradeaus weiter geht es bergan auf den sogenannten Kellerberg. Der ehemalige Friedhof wurde rechterhand unter Einbeziehung einiger Grabstätten zu einem Park umgewandelt. Links erhebt sich die im Jahre 1892 eingeweihte evangelische Kirche "Zum guten Hirten". Ihr Inneres ist einfach ausgestattet. Auffallend ist ein Fries mit Ornamenten und Schriftzügen an der Empore. Hinter der Kirche stößt man auf einen tempelartigen Bau. Diese pompöse Grabstätte gilt einem Flieger, der im Orient abstürzte, sowie Familienmitgliedern von ihm.

Die Sage berichtet, daß vom Kellerberg aus ein unterirdischer Gang zum kurfürstlichen Jagdschloß geführt haben soll. Vielleicht gab es aber kleinere Vorratskeller am Abhang, und deshalb entstand die Bezeichnung.

Wir gehen wieder bergab und sehen links das Pfarrhaus. Dort erhält man bei Interesse den Kirchenschlüssel.

Am Fuße des Berges rechts steht das VdN-Denkmal aus Granitsteinen. Es wurde am 12. September 1948 eingeweiht und zeigt die Inschrift "Den Opfern des Faschismus".

Jetzt sind wir wieder an der Straße und kommen auf die Brücke über den Kanal zwischen Peetzsee und

Grabmal auf dem Kellerberg

Werlsee. Zum letzten Mal bei diesem Rundgang kann man die landschaftliche Schönheit in sich aufnehmen. Dann hat sich der Kreis geschlossen, denn wir sind wieder am Ausgangspunkt angelangt.

Evangelische Kirche "Zum guten Hirten" in Grünheide

Grünheide, Blick von der Straßenbrücke zum Peetzsee

Wanderweg am Waldeck Grünheide

Rund um den Peetzsee – "Georg–Kaiser–Weg"

(Etwa 8 Kilometer)

Ein Spaziergang um den Petzsee herum ist durch den Wechsel von reizvollen Villen geprägt. Auch wird der Ortsteil Alt–Buchhorst umwandert. Allerdings gibt es wenige Partien direkt am Wasser. Die Bezeichnung 'Peetz' rührt wahrscheinlich von 'Petz' gleich Ofen her, kann aber auch von 'poshi' für Sandboden abgeleitet worden sein oder von einem slawischen Wort für Quelle.

Der Rundkurs beginnt an der Bushaltestelle vor dem Haus I der Amtsverwaltung. Hier an der Hauptkreuzung des Ortes zeigt ein Wegweiser in Richtung Norden den Beginn des Wanderweges.

Das zum Teil zugeschüttete kleine Tal gleich links wird als Soldatengrund bezeichnet. Hier sollen im Jahre 1806 französische Soldaten bei ihrem Durchzug nach Osten gelagert haben.

Wir gehen auf die andere Straßenseite hinüber. Das langgestreckte und seit Jahren ungenutzte Gebäude mit riesigem Wassergrundstück war einst die beliebte Ausflugsgaststätte "Vater Fielitz".

Gleich hinter dem Zaun geht es nach rechts einen Waldweg hinein. Daneben an der Straßeneinfahrt ist das Schild Georg–Kaiser–Weg sowie ein Zitat des Dichters über die Schönheit der Grünheider Wälder angebracht. Die Markierung für die Route ist ein Quadrat mit roten und weißen Dreiecken. Vom Hochufer aus haben wir eine schöne Sicht über den Peetzsee. Ein kurzes Stück kann man auf verwilderten Pfaden auch direkt am Ufer laufen. Jetzt legen im Sommer oft Kajütenboote an.

Wieder auf dem Abhang angelangt, folgen die Grundstücke der Straße Waldeck. Für dieses Siedlungsgebiet hatte sich einst die Flurbezeichnung Gnitzenfang eingebürgert. Zwischen Sommergrundstücken fallen rechts zwei reizvoll in die Landschaft passende Blockhäuser auf. Seit 1989 stehen sie leer und sind leider dem Verfall preisgegeben.

Das repräsentativste Gebäude ist die Villa, auf die man direkt zugeht. Vor ihr wurde neben dem Eingangstor 1979 eine Gedenktafel angebracht. Aus ihr geht hervor, daß hier von 1921 bis 1938 der Dramatiker Georg Kaiser gelebt hat. Tatsächlich bezog er zunächst das rechts davon stehende Haus und ließ sich auf dem gleiche Grundstück eine neue Villa bauen. Diese bewohnte er aber nur wenige Jahre bis 1932. Aus wirtschaftlichen Gründen zog er aus und wohnte zeitweilig bis zur Emigrierung im Jahre 1938 in anderen Häusern von Grünheide. Seit 1933 waren seine Werke in Deutschland verboten.

Aus der Sackgasse Waldeck wen-

Georg-Kaiser-Haus, Waldeck

den wir uns zurück und wandern hinter den Grundstücken wieder an den See heran. Auf eine kleine Badestelle folgen eingezäunte Grundstücke. Im ersten großen Wohnhaus aus Backstein hatte Georg Kaiser ebenfalls gewohnt.

Jetzt laufen wir auf der einseitig bebauten Straße Waldpromenade bis zur Chaussee. Nach wenigen Schritten auf dem Rad- und Fußweg führt rechts ein schmaler Pfad in den Wald und einen kurzen Abhang hinunter in die Charlottenstraße. Wir kreuzen die Straße Am Rosenberg, die nach rechts erst am See endet. Dort befand sich früher eine Ablage für Baumstämme.

Geradeaus weiter sind wir nun in der Peetzseestraße und kommen am Cafe' Moritz vorbei. Vorher bietet sich die Gelegenheit, von einem Spielplatz mit Bänken aus über Wiesen und Gärten hinweg weit über den Peetzsee zu blicken. In der anderen Richtung, am Waldrand entlang der Hubertusstraße, entstand bis 1995 ein moderner Wohnpark.

Die Peetzseestraße mündet in die Altbuchhorster Straße, die wir nach rechts einschlagen. Linkerhand beginnt die Burgwallstraße mit dem Grundstück, auf dem Ro-

Möllensee

bert Havemann längere Zeit, bis 1982, gelebt hat. Hier wurde auch im Herbst 1989 die Organisation "Neues Forum" gegründet.

Wir bleiben auf der Altbuchhorster Straße und stoßen auf die traditionsreiche "Gaststätte am Möllensee". Ihr gegenüber befindet sich in einem parkähnlichen Gelände eine Boots- und Schiffsanlegestelle. An diesen Stegen endet der Fahrgast-Linienverkehr aus Berlin und Woltersdorf. Außerdem führen viele Sonderfahrten hierher. Ein kurzer Aufenthalt mit Blick über den Peetzsee lohnt sich. Wieder auf der Straße, kann man sich anhand eines Übersichtsplans von Grünheide über den Standort und den weiteren Weg informieren.

Bald ist man auf der Brücke über dem Kanal, der den Peetzsee mit dem Möllensee verbindet. Auch hier ist ein kurzer Halt für die Betrachtung der Landschaft lohnenswert. Rechts ist der Peetzsee ganz nah, während links eine Kastanienallee am Kanal entlang zum Möllensee führt. Dort gelangt man an ein großes Grundstück, genannt "Der Sprudel". Hier wurde früher der Alt-Buchhorster Marksprudel, eine Heilquelle, abgefüllt und verkauft.

Weiter auf diesem Weg folgt links das Forsthaus und dahinter eine Kreuzung mit vielen Wegweisern. Hier wird nach rechts abgebogen und wir sind an der Straße Am Reiherhorst.

Auf der linken Seite erstreckt sich ein Waldgebiet mit abwechslungsreichem Baumbestand und dem Naturschutzgebiet Reiherhorst. Einst gab es etwa 40 Horste. Die grazilen Vögel haben jetzt andere Wohnstätten und Futterplätze.

An der Kreuzung mit Schutzhütte gehen wir nach rechts in die Straße Feldweg hinein. Gleich links die großen Gebäude gehören zum

Gaststätte Möllensee

Christian-Schreiber-Haus, der Jugendbildungsstätte des Bistums Berlin. Am Haupteingang ist auf einer großen Karte das Gebiet des Bistums dargestellt. Außerdem findet man eine Aufstellung aller katholischen Pfarreien in Berlin. Der parkähnliche Garten lädt zum Betreten ein, und man sollte auch in das Hauptgebäude gehen. Als Herzstück gilt die Kapelle. Sie wurde 1974 geweiht und ist ein eindrucksvolles Beispiel moderner sakraler Innenarchitektur. Das bedeutendste Kunstwerk ist die Schutzmantelmadonna aus dem Jahre 1937. Ihretwegen ist Alt-Buchhorst zu einem Wallfahrtsort für Katholiken der weiten Region geworden. Im Treppenflur informieren Texte und Fotos über die Geschichte des Hauses und das kirchliche Leben an dieser Stätte.

Wir gehen an der entgegengesetzten Seite des Grundstückes auf die Luisenstraße. Gegenüber liegt das Wassergrundstück für die katholischen Gläubigen. Nach links führt die Luisenstraße wieder zum Reiherhorst.

Gleich rechts fällt ein gepflegtes Grundstück mit Tennisplätzen auf. Im Hintergrund sieht man die beiden Gebäude des Kurhotels

Christian-Schreiber-Haus

PRISOD. Hier werden nicht nur Übernachtungen und vielfältige Möglichkeiten des Fitneß-Sports geboten, sondern man kann auch im Restaurant gut speisen. Nun ist bald ein Campingplatz erreicht, und man kann ein Stückchen am Wasser entlang wandern. Wenn man zunächst bis hinter der Wasserwacht des DRK bleibt, so bietet sich von der Anhöhe über den Sandstrand hinweg eine herrliche Sicht auf den See und auf Grünheide. Am Spielplatz in der Nähe des Platzwartes werden wir an Georg Kaiser erinnert, der am anderen Ufer seine Wohnsitze hatte. Vor einer Birke ist ein Zitat aus seinem sozialkritischen Wintermärchen "Der Silbersee" angebracht, das er 1932 am Peetzsee geschrieben hatte.

Nach mehreren hundert Metern ist der Weg unterhalb des Abhangs am Wasser frei und es folgen kleine Badestellen. Dann taucht

eine schloßartige Villa auf, und es beginnt die Straße Schlangenluch. Von ihr führt nach links eine kurze Birkenallee zum Waldfriedhof. Rechts vor der Trauerhalle kommt man zu einem Granitstein am Grab von Robert Havemann. Weiter nach rechts fast am Zaun steht ein hölzerner Glockenturm. In ihm hängt eine der ältesten brandenburgischen Glocken. Ihre Herkunft konnte noch nicht ermittelt werden.

Wir gehen zum Schlangenluch zurück, wo rechts hinter dem Hotel Seegarten ein Fußweg abzweigt und zu weiteren Grundstücken

Haus I der Amtsverwaltung Grünheide

dieser Straße führt. Sie liegen schon in der Niederung und man kann sich gut vorstellen, daß es früher im morastigen Gelände am See Schlangen gab.

Der Weg mündet in eine Gabelung, und hier beginnt die Karl-Marx-Straße. Im ersten Haus lebte einst der bekannte Verleger Ernst Rowohlt, daneben steht das Haus II der Amtsverwaltung Grünheide. Bis etwa 1990 war es die Jugendherberge "Theodor Fontane". Nun sieht man links den alten Friedhof und die Kirche. Über die Kanalbrücke zwischen dem Peetz- und Werlsee sowie vorbei am Hotel und Gasthaus Am Peetzsee und einigen Geschäften kommt man direkt zum Ausgangspunkt zurück.

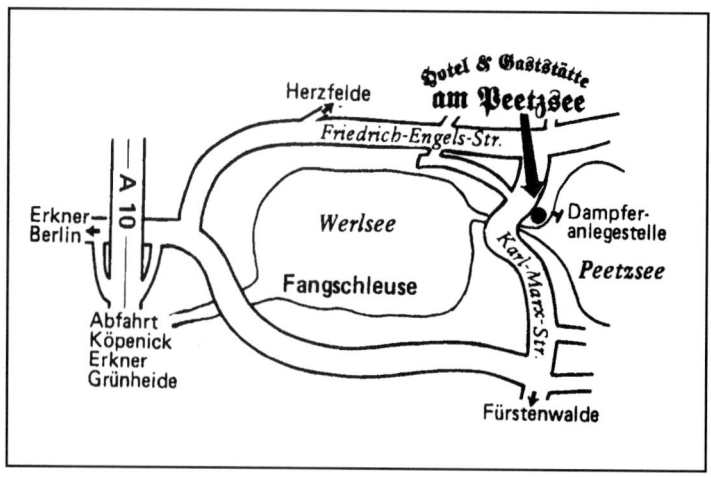

6. Wanderungen in die Umgebung

Zur Woltersdorfer Schleuse

(etwa 18 Kilometer)

In der Nähe der Woltersdorfer Schleuse gruppieren sich mit der Liebesquelle, dem Aussichtsturm auf den Kranichsbergen, der Strandpromenade am Flakensee und seiner Überland-Straßenbahn gleich mehrere attraktive Ausflugsziele. Die Schleuse selbst kann man durchaus als ein technisches Denkmal bezeichnen.

Für die Hinwanderung wählen wir streckenweise den markierten Höhenwanderweg. Vom Ortszentrum Grünheide an der Kreuzung mit der Friedrich-Engels-Straße aus wird auf der verlängerten Karl-Marx-Straße vorbei am Haus I der Gemeinde- und Amtsverwaltung in Richtung Wald gewandert. Linkerhand sind bereits die ersten Häuser für das erweiterte neue Ortszentrum gebaut. In den kommenden Jahren wird sich das Ortsbild stark verändern.

Der Waldweg schlängelt sich bald durch einen abwechslungsreichen Forst. An einer Kreuzung biegen wir nach links in eine breite Trasse ein, an deren Rand sich in beiden Richtungen kilometerweit Eichen erheben. Bei der nächsten größeren Gabelung wird neben einer Rasthütte nach rechts abgebogen.

Nun bleibt man geradeaus, bis der Wald endet. davor geht es recht steil auf die sogenannten Wurzelberge hinauf. Der Kiefernbestand ist hier reizvoll durch Birken aufgelockert, und an manchen Stämmen rankt sich Efeu empor. Über die vor uns liegenden Felder blickt man auf die Häuser von Alt-Rüdersdorf. Zwischen Acker und Wald wird nach links zur Heubrücke, die sich über die Autobahn spannt, weitergelaufen. Von ihr bietet sich eine weite Sicht über das Waldgebiet.

Hinter der Brücke sollte man bei Weggabelungen immer auf die Markierung des Höhenwanderweges mit dem grünen Punkt auf weißem Feld achten. Im hügeligen Gelände macht nämlich die Route manche Schleifen. Die Baum-Monokultur lockert immer mehr auf, unter anderem durch Buchen, Lärchen und Eichen. Unterwegs befinden sich einige Schutzhütten.

Der Weg führt schließlich direkt auf den Aussichtsturm zu, der sich auf den über 100 Meter hohen Kranichsbergen erhebt. Von der Aussichtsplattform genießt man eine herrliche Sicht auf die Umgebung bis nach Berlin oder zu den Rauener Bergen bei Fürstenwalde. Am Einlaß gibt es Souveniers und an den Turmwänden kann man Verse über die brandenburgische Heimat lesen sowie Fotos von den Filmen anschauen, die einst in Woltersdorf gedreht wurden.

Gaststätte "Liebesquelle"

Mit der Inschrift:

"Aus märk'schem Sand entspring ich hell, als Labetrunk und Lieb besquell"

Der Abstieg von den Kranichsbergen führt um die Anhöhen herum und dann zur Liebesquelle hinunter. Rechts ist die Landschaft durch tiefe Taleinschnitte mit romantischen Wegen durch den Mischwald geprägt. Die Quelle wurde schon 1886 eingefaßt und bekam 1994 eine Gitterhaube. wird zum Trinken des klaren und erfrischenden Wassers eingeladen. Die Gaststätte gegenüber liegt am Mühlenfließ, das sich zur Schleuse hin zum Mühlenteich ausdehnt. Vom Park am Teich erblickt man die Fußgängerbrücke, von der aus man den Schiffs- und Personenverkehr im Schleusenbereich beobachten kann. Wenn geschleust wurde und die Schiffe die Höhenu

Strandpromenade

unterschiede überwunden haben, wird der Straßenverkehr gesperrt und die Klappbrücke hochgezogen, ebenso wenn Schiffe aus Rüdersdorf kommend, in das Schleusenbecken einfahren.

Hinter der Schleuse befindet sich die Endstelle der Woltersdorfer Straßenbahn, die viele Touristen vom S-Bahnhof Rahnsdorf heranbringt. Die Wanderung führt jedoch in der anderen Richtung nach dem Schleusengelände rechts zur Strandpromenade am Flakensee. Hier kann man Boote ausleihen, eine Imbiß-Pause einlegen und sogar mit einem Fahrgastschiff nach Grünheide zurückfahren.

Wer sich noch frisch genug fühlt, wandert auf dem Theodor-Fontane-Weg immer am Flakensee entlang. Fontane hatte 1887 im Seebad Rüdersdorf geweilt und war hier ebenfalls unterwegs. Bei schönem Wetter lädt bald ein Strand zu einem Bad ein. Danach blickt man vom schön angelegten Promenadenweg zum Ufer nach Erkner hinüber. Schließlich geht es bergauf. Der Flakensee endet, und jetzt führt der Wanderweg an der kanalisierten Löcknitz entlang.

Am Fremdenverkehrsbüro und an der Gaststätte "Löcknitz-Idyll" ist man an der Straße angelangt. Von hier kann man per Schiff oder Autobus nach Grünheide kommen. Um den Rundkurs zu Fuß abzuschließen, gibt es zwei Möglichkeiten: auf dem Radweg neben der Straße nach links oder geradeaus auf den Leistikow-Weg (siehe Wanderungen nach Erkner und in das Löcknitztal).

Wer auch die weiteren Ortsteile von Woltersdorf erkunden möchte, sei auf den "Orts- und Wanderführer Woltersdorf" - in gleicher Ausstattung wie die vorliegende Publikation - verwiesen.

Woltersdorfer Schleuse

Blick auf Industrieanlagen in Rüdersdorf

Mitterlalterliche Feldsteinkirche in Alt–Rüdersdorf

Eingangstor des einstigen kurfürstlichen Jagdschlosses am Dorfanger

Nach Rüdersdorf

(etwa 18 Kilometer)

Durch die Kalksteinvorkommen und damit verbundenen geologischen Besonderheiten sowie durch entstehenden Museumspark ist Rüdersdorf ein weithin bekannter Ort. Ein Wanderspaziergang führt bis hin zum Ortsteil Alt-Rüdersdorf. Die Wanderung dorthin beginnt wiederum an der Bushaltestelle am Haus I der Amts- und Gemeindeverwaltung Grünheide. Die Verlängerung der Karl-Marx-Straße geht in einen breiten Waldweg über.

Nun sind wir in der sogenannten Rüdersdorfer Heide. Der Trasse folgt ein Bogen nach rechts. Die Hochebene wird durch einen kurzen Hohlweg erreicht. Oben angekommen sind wir von Mischwald mit viel Unterholz umgeben. Nach starken Regenfällen steht ein Teil dieser Strecke unter Wasser. Bevor rechts Felder beginnen, ist nochmals eine Anhöhe zu nehmen. Dann breiten sich die Häuser von Alt-Rüdersdorf vor uns aus, einem schon Anfang des 14. Jahrhunderts erwähnten Ort.

Man stößt auf die Straße Hortwinkel, wo Ende des 18. Jahrhunderts eine Bauernkolonie angelegt wurde. Ihr Name stammt wahrscheinlich von der alten Bezeichnung "hart" für eine waldige Anhöhe. Wir wenden uns nach rechts bis zum Potsdamer Platz. Ein Stückchen weiter links befindet sich die Endhaltestelle der Straßenbahn in Richtung Schöneiche und S-Bahnhof Friedrichshagen. Diese Linie führt auch zum Ortsteil Kalkberge und zum Bergbaumuseum. Für einen Fußmarsch einschließlich Führung ist es zu weit. Deshalb wird auf die Radtour nach Strausberg verwiesen.

Wir wandern dagegen nach rechts und erblicken am Anfang des Dorfangers links hinter den Schulgebäuden die Kirche. Sie ist ein schlichter mittelalterlicher Feldsteinbau. Als es in Grünheide noch keine Kirche gab, kamen die evangelischen Christen zu den Gottesdiensten hierher. Für sie war das Gotteshaus sogar um den "Grünheidischen Chor" erweitert worden. Bis in die jüngste Zeit gab es Veränderungen am Gebäude. Zur wertvollen Ausstellung gehören ein Taufstein aus Kalk von 1598 und ein Kanzelkorb mit Schnitzfiguren der Evangelisten. Neben der Kirche befindet sich das gut erhaltene Kriegerdenkmal.

An der gegenüberliegenden Straßenseite ist der Standort des einstigen kurfürstlichen Jagdschlosses. Bis zum 16. Jahrhundert war Rüdersdorf zum großen Teil im Besitz des Klosters Zinna. Unter Kurfürst Joachim II. wurde nach dem Einzug des geistlichen Besitzes das Amt Rüdersdorf eingerichtet. Von hier aus wurden dann manche Jagden in das große Waldgebiet um Grünheide unternom-

Schule neben der Feldsteinkirche

Wir kehren an die Kreuzung zurück und schlagen nun hinter der Schule die Straße nach links ein. Wiederum links steht das Pfarrhaus; wichtig für eine eventuelle Kirchenbesichtigung. Dahinter führt der Weg im Bogen nach rechts bergab aus dem Ort hinaus. Hinter einer Senke geht es wieder auf die Anhöhe und in den Wald hinein.

Rechts und links erkennt man Gebäude und Mauern in teilweise unwegsamen Gelände. Hier war bis zum Frühjahr 1994 eine Garnison der Roten Armee angesiedelt.

men. Von den damaligen Gebäuden gibt es nur Kellerreste. Aber an der Straßenfront findet man noch das Eingangsportal von der Schloßmauer vor. An dieser Stelle weitet sich die Straße zum Anger aus. Deshalb spricht man bei Rüdersdorf von einem Kreuzangerdorf.

Danach geht die befestigte Straße in die volkstümlich als Schwarzer Weg bezeichnete Trasse über.

Der schwere Boden in dem hügeligen Mischwaldgebiet ist zu Regenzeiten nicht für Spaziergänge zu empfehlen. Erst wenn man am ehemaligen Forsthaus Rüdersdorf

Ein Ort mit Bergmannstradition

Kalkabbau

vorbei ist, hat man wieder sandige und auch nach dem Regen schnell getrocknete Wege unter den Füßen.

Man kann nun auf dem breiten Weg immer geradeaus bleiben und kommt im Grünheider Ortsteil Alt–Buchhorst (Bus–Haltestelle) heraus. Bei der zweiten Variante biegt man an der nächsten großen Kreuzung nach rechts ab und erreicht auf diese Weise auf der Herzfelder Straße und – von dieser nach links abbiegend – den Ausgangspunkt Ortszentrum Grünheide.

Gebäude der Post im Ortszentrum

Frühgotische Kirche im Ortszentrum von Herzfelde

Ansicht von der Rückseite und Sühnekreuz an der Außenmauer

Nach Herzfelde
(etwa 30 Kilometer)

Nördlich von Grünheide liegt an der Bundesstraße 1 der Ort Herzfelde. Das erstmalig im Jahre 1279 urkundlich erwähnte einstige Angerdorf hat sich im Laufe der Jahrhunderte stark verändert. Durch Verkehr, Industrie und Gewerbe ist die frühere Idylle dahin. Vielleicht sollte aber der Granitquaderbau der frühgotischen Kirche Anreiz genug sein, eine Exkursion meist durch Wald dorthin zu unternehmen.

Wenn wir im Grünheider Ortszentrum starten, orientieren wir uns am Wegweiser Richtung Herzfelde schräg gegenüber der Sparkasse. Neben der Straße beginnt ein Rad- und Fußweg. Bald hat man rechts einen Durchblick zum Peetzsee. An der anderen Seite beginnt das neue attraktive Wohngebiet. danach umfängt uns auf beiden Seiten Wald.

Hinweisschilder sind an den Wegen zur Spiegelquelle und zur Halbinsel am Möllensee angebracht. Am direkt neben der Straße gelegenen Campingplatz können wir einen Abstecher zu dem Gewässer unternehmen. Danach hinter der Kreuzung überqueren wir die Straße und nehmen nach links einen Waldweg, der in einen Fußpfad übergeht. Dieser endet wieder auf einem breiten Weg, den wir nach links einschlagen. An ihm entlang wurden Sommergrundstücke angelegt. Wenn man nach rechts abbiegt, gelangt man auf etwas schwierigem Terrain durch eine reizvolle Vegetation mit Wacholderbüschen, Walderdbeeren und viel Moos. Man könnte auch geradeaus bleiben, denn beide Varianten führen auf dem Elsensee-Weg an die Herzfelder Chaussee zurück.

Sie ist von Birken und Akazien gesäumt und bietet bald nach rechts den Blick über weite Felder sowie auf einen Handels- und Gewerbepark. Auch gelangt man schnell auf einen richtigen Fußweg. Die aufgeschütteten Anhöhen linkerhand sind Halden des Rüdersdorfer Kalk-Tagebaus, der sich kilometerweit bis hierher erstreckt.

Nun ist Herzfelde erreicht. Schon die ersten Häuser zeugen von einem Ort mit industrieller Entwicklung. Bis zum Ziegeleigelände führt die Wanderung allerdings nicht. Wenn man im Angerbereich ist, erblickt man links die Kirche. Sie ist das einzige denkmalgeschützte Gebäude und entstand im 13. Jahrhundert als Wehrbau. Bereits das Äußere beeindruckt durch seine Ausmaße. Vielleicht läßt man sich vom Pfarrer die Kirche öffnen. Er wohnt auf dem Kirchgelände. Zu bewundern sind unter anderem das schöne Gewölbe und ein uralter Taufstein, außerdem das Sühnekreuz außerhalb des Gotteshauses.

An der Straßenkreuzung neben der Kirche erhebt sich eine 1875 errichtete Gedenksäule zur Erinnerung an fünf Gefallene im Krieg 1870–71 aus dem Ort. Die dazugehörige Victoria–Figur ist allerdings verschwunden.

Dahinter, ebenfalls ganz in der Nähe der Kirche, befindet sich das halbrunde Denkmal für die Toten des Ersten Weltkrieges.

Die meisten Geschäfte von Herzfelde liegen an der stark befahrenen Bundesstraße 1. Der parallel dazu verlaufende Angerteil hat mit der Pflasterung, den geduckten Häusern und den Bäumen noch viel von seiner ursprünglichen Stimmung behalten.

Bevor man den Ort auf dem Herweg wieder verläßt, sollte man auch diese Atmosphäre in sich aufnehmen.

Gehen wir zurück, so biegen wir einige hundert Meter vom Dorfausgang entfernt nach rechts in den ersten breiten Weg ein. Dieser führt durch abwechslungsreichen Wald immer geradeaus bis zum Grünheider Ortsteil Fangschleuse.

Auf Karten wird er als Herzfelder Straße bezeichnet, heißt im Volksmund aber auch Heuweg. Wahrscheinlich bewirtschafteten früher Herzfelder Bauern Wiesen an den Grünheider Gewässern.

Rechts vom Weg beginnt ein Höhenrücken, der sich bis Woltersdorf hinzieht. Einer seiner ersten Erhebungen ist der Fuchsberg mit 65 Metern über dem Meeresspiegel. Nach etwa zweieinhalb Kilometern durch den Wald ist eine Kreuzung erreicht.

Wegweiser zeigen rechts nach Alt-Rüdersdorf und geradeaus nach Grünheide. Dazwischen verläuft der Höhenwanderweg zur Woltersdorfer Schleuse.

Wir können links nach Alt-Buchhorst abbiegen und kommen direkt an der dortigen Bushaltestelle heraus. Geht man weiter geradeaus, muß man auf einem der nächsten Wege nach links einbiegen, um an den Ausgangspunkt zurück zu kommen. Auf jeden Fall wird die Straße erreicht, an der entlang dann leicht das gewünschte Ziel gefunden wird.

Rund um den Möllensee

(Etwa 12 Kilometer)

Von den Grünheider Gewässern ist der Möllensee nicht nur das größte, sondern auch das schönste, vor allem hinsichtlich der Vielfalt von Landschaft und Vegetation im Uferbereich.

Die Umwanderung beginnt an der Endstation der Schiffahrtslinien am Peetzsee und hält sich zumeist an die Markierung "weißer Punkt auf grünem Quadrat". An der gegenüberliegenden Straßenseite befindet sich die traditionsreiche "Gaststätte am Möllensee". Wir gehen auf der Altbuchhorster Straße in nordwestlicher Richtung bis zur Burgwallstraße und biegen rechts ein. Der Name erinnert an einen Wohnsitz der Illyrer während der Bronzezeit. Man kommt an einem Erholungscenter vorbei. Die Betonstraße geht bald in einen Waldweg über.

Während der breitere Weg auf der Höhe verbleibt, kann man auch zu einem Fußpfad an das Ufer hinunterwandern. Man trifft auf eine mit Kalkstein, Granit und Tierplastik eingefaßte Quelle. Sie erhielt diese Form 1912 durch den Forstrat Freiherr von Spiegel, nach dem sie dann auch benannt wurde. Nur noch spärlich läuft das Quellwasser. Man vermutet, daß diese wie andere Quellen am Möllensee wegen des Bergbaus in Rüdersdorf versiegen.

Der Weg verläuft bald über einen Zeltplatz mit Badestelle. Der schöne Sandstrand ist eine der sogenannten Ablagen, wo einst Holzstämme gelagert und auf dem Wasserwege abtransportiert wurden. Vom weiteren Weg aus hat man reizvolle Sichten über den von Laubwald umgebenen See. Vom Hochufer weist ein Schild zur Burgwall–Halbinsel. Dort kann man sich in einem romantischen Umfeld an einer Schutzhütte mit Bänken ausruhen. Wahrscheinlich war hier ein vorgeschichtlicher Siedlungsort.

Etwas weiter beginnt ein langgestreckter Campingplatz. Nun sind wir wieder am flachen Ufer, und es beginnt eine reizvolle urwüchsige Partie. Über mehr als zwanzig hölzerne Brücken werden Quellgewässer überquert. Streckenweise sorgt ein Knüppeldamm dafür, daß man trockenen Fußes weiterkommt. Danach ist an einer Badestelle mit Schutzhütte das Ende des Möllensees erreicht. Früher führten Bahngleise bis an das Gewässer, damit Ziegel aus Herzfelder Brennereien umgeladen und auf dem Wasserweg weitertransportiert werden konnten. Einst besaß der Möllensee auch einen kräftigen Wasserzufluß vom Elsensee aus. Das wurde jedoch künstlich verändert, um der Löcknitz über die Kageler Gewässer mehr Wasser zukommen zu lassen.

Der nächste Abschnitt durch den

Kageler Ortsteil Neu Finkenstein verläuft nicht direkt am See. Wir halten uns immer rechts und kommen auch einmal an das Gewässer heran, müssen aber wieder zurück zum Finkensteiner Weg. Dieser mündet in eine weite Wiesenlandschaft, die sich als einstiger Torfstich "Kaberluch" nach rechts ausbreitet, während links die Zinndorfer Heide beginnt.

Der Weg führt wieder in den Wald hinein und stößt auf Erholungsgrundstücke am Kiessee. Wie der Name schon sagt, wurde früher hier Kies abgebaut. An den nun mit Wasser gefüllten Gruben entstand auch ein Campingplatz. Wir machen einen Abstecher nach links und kommen vorbei an der "Herberge Kiessee" zu seinem Eingang. Hier gibt es die kleine Kaufhalle "Waldmarkt" und die Gaststätte "Seeteufel".

Wir wandern zurück, aber geradeaus und kommen auf die hölzerne Brücke zu, die sich über den Kanal zwischen Möllen- und Kiessee spannt. Hinter der Brücke laufen wir nach rechts auf dem hohem Ufer direkt am Kanal entlang, vorbei an einer Raststätte. Bald sind wieder schöne Blicke über den Möllensee zu genießen.

Schließlich gelangt man auf einen als Privatgelände gekennzeichneten Zeltplatz. Der Wanderweg bleibt jedoch für den Durchgang frei. Danach muß ein umzäuntes Grundstück umgangen werden. Unter hohen Birken werden rechts die Gebäude des sogenannten Sprudel erreicht. Hier gab es einst eine Quelle, die Heilwasser lieferte. Es wurde damals abgefüllt und vermarktet. Der Brunnen versiegte jedoch. Das große Grundstück wurde in der DDR als Touristenstation "Theodor Fontane" für Schüler genutzt, ging aber in Privatbesitz zurück.

Nun sind wir wieder direkt am See, der bald in den Verbindungskanal zum Peetzsee übergeht. Bis zur Brücke spazieren wir auf einer wunderschönen Promenade unter alten Kastanien. Die Brücke wird überschritten, und man erblickt gegenüber den Peetzsee.

Nur noch ein kurzes Stück und der Rundkurs ist abgeschlossen. Wenn noch Zeit vor der Heimfahrt mit Schiff oder Bus ist, lohnt sich eine Einkehr in der "Gaststätte am Möllensee". Bis zur Bushaltestelle Altbuchhorst sind es nur wenige hundert Meter.

Im Löcknitztal nach Klein-Wall
(Etwa 12 Kilometer)

So wie Theodor Fontane einst die Löcknitzlandschaft beschrieben hat, finden wir sie stellenweise auch heute vor. In Klein-Wall gibt es noch jetzt ein Wehr, und Gebäude des alten Sägemühlengehöfts stehen noch. Wir wollen den Spuren des Dichters folgen und am Flüßchen entlangwandern.

Vom Ortszentrum Grünheide an der Sparkasse laufen wir auf der Karl-Marx-Straße in Richtung Bahnhof Fangschleuse. Außerhalb von Grünheide wird links der Rad- und Fußweg benutzt. Man wechselt an der Ampel vor der Schule auf die andere Straßenseite hinüber.

Von 1912 bis zum Zweiten Weltkrieg bestand hier eine Staatliche Zucht- und Abrichte-Anstalt für Polizeihunde. Aus dem Hauptgebäude dieser Einrichtung wurde nach Kriegsende die Gerhart-Hauptmann-Schule. Die Witwe des Dichters hatte ihre Zustimmung zur Namensgebung erteilt. Seither wurde der Komplex durch Anbauten und zusätzliche Gebäude sowie Sportanlagen ergänzt. Auf dem Schulhof befindet sich ein Gedenkstein für Gerhart Hauptmann.

Hinter der Schule ist bald das Löcknitztal erreicht. Am anderen Ufer informiert ein Wegweiser auf Wanderziele in mehreren Richtungen. Für unsere Route überqueren wir jedoch schon vor der Großen Wallbrücke die Straße. Am sogenannten Großen Wall, einer mit Gras bewachsenen Erhebung im sumpfigen Gelände, führte einst ein Handelsweg durch beziehungsweise über die Löcknitz von Rüdersdorf nach Storkow.

Wir stehen nun am Denkmal für die Gefallenen des Ersten Weltkrieges mit der Inschrift "Unseren Söhnen". Etwa 60 Männer aus Grünheide, das damals Werlsee hieß, waren dem Krieg zum Opfer gefallen. Das Denkmal wurde 1995 restauriert.

Gleich hinter dem Denkmalsplatz schlängelt sich ein Pfad zum Löcknitztal-Weg hinunter. Diese Trasse ist mit einem weiß-gelb-weißem Kennzeichen markiert. Hier beginnt auch das Naturschutzge-

biet Löcknitztal, das sich bis zur Gemeinde Kienbaum hinzieht. Bis nach Klein-Wall sind es noch fünf Kilometer.

Der Pfad verläuft reizvoll zwischen Nadel- und Laubbäumen mit viel Unterholz. An der Löcknitz bestimmen im Uferbereich Erlen und manchmal schmale Wiesen das Bild. Der Fluß windet sich in größeren Bögen dahin und kommt nur selten dem Weg näher.

Anhand mehrerer Schautafeln kann man sich über die heimische Natur informieren, darunter zu den "Schutzfunktionen des Waldes", zum "Leben am Wegesrand", zum "Lebensraum Weiher und Tümpel" sowie zum "Ökosystem Wald". Zeitweilig verläuft der Weg zwischen exakt in preußischer Ordnung angepflanzten Kiefern.

An der uralten Fontane-Kiefer mit ihren mächtigen Ästen bietet sich eine Verschnaufpause an.

Man ist an dieser Stelle nicht nur direkt am Fluß, sondern findet auch einen Aussichtspunkt mit Schutzhütte vor. Auf direktem Wege quer durch den Wald von hier ist man in drei Kilometer in Alt-Buchorst.

Wir bleiben jedoch in der Niederung und haben in Kürze endlich einen weiten Blick über die sumpfige Wiesenlandschaft. Nur bei nassem Wetter nimmt man besser den Weg oberhalb, zu dem man im Bogen nach links sowieso wieder herankommt. Auf diesem ein Stückchen geradeaus und dann geht es wieder nach rechts auf dem breiten Weg in einen Lärchenwald hinein. Wir sind weiterhin am Rande des Flußtales, das wir jetzt besser überblicken können.

Nach links zweigt der "Sonnenweg" mit der gelb-weißen Markierung in Richtung Alt-Buch-

horst ab. Auch wir nehmen bald danach eine Kurve nach links und kommen direkt auf Klein-Wall zu. Als erstes führt der Weg an künstlich angelegte Fischteiche heran. Man kann in mehreren Becken unterschiedliche Arten von Forellen bis zu Welsen angeln. Dahinter folgen die Gebäude der Forellenzuchtanlage einschließlich Verkaufsstelle und Anmeldung für das Angeln.

Es ist bedauerlich, daß an dieser Stätte das natürliche Umfeld der Löcknitz verändert und in ihren natürlichen Lauf eingegriffen wurde. Man ist jedoch bemüht, umweltschädigende Einflüsse zu begrenzen.

Linkerhand erstreckt sich das Gelände eines Schullandheims. Ob es der Berliner Stadtbezirk Prenzlauer Berg weiterhin betreiben kann, ist seit Ende 1994 fraglich. Auch die früheren Wohn- und Wirtschaftsgebäude der Mühle Klein-Wall gehören zu diesem Objekt.

Rechts sehen wir das massive und gut erhaltene Mühlengebäude und geradeaus eine Art Bauerngehöft mit Haus, Hof und Stallungen. Alles macht einen sehr alten Eindruck. Tatsächlich bestand diese kleine Ansiedlung schon im 17. Jahrhundert. Es gibt ein vom Großen Kurfürsten 1662 unterzeichnetes Dokument, wonach zwei kurfürstliche Beamte "eine Schneidemühle mit zwei Gängen auf der Löcknitz am Kleinen Wall unterm Amt Rüdersdorf" anlegen durften. Anfang des 19. Jahrhunderts besaß ein gewisser Ignaz Feßler das Anwesen und wollte auch Landwirtschaft betreiben. In einem Erinnerungsbuch legte er nieder, warum das mißlang. Gründe waren der entweder sandige oder sumpfige Boden und die vielen Tierschäden, vor allem durch Wildschweine. Außerdem wurde

Feßler von durchziehenden Franzosen beraubt und verließ bald darauf Klein-Wall.

Kehren wir in die Gegenwart zurück und verweilen noch etwas am romantischen Mühlenteich. Dahinter gabeln sich die Wanderwege in die Richtungen Mönchwinkel, Hangelsberg und weiter entlang der Löcknitz nach Kienbaum. Diese Orte lernt man am besten während einer Radtour kennen, die an anderer Stelle beschrieben wird.

Wir wandern entgegengesetzt auf dem breiten Fahrweg nach Alt-Buchhorst und Grünheide zurück. Man kann allerdings noch etwas weiter in Richtung Kagel laufen. Bei dieser Variante kommt man zum Post- oder auch Porst-Luch und von dort nach links zum Kiessee oder zum Möllensee. Außerdem bieten sich parallel reizvollere Fußwege an. Wenn Alt-Buchhorst erreicht ist, wandern wir um den Peetzsee herum zum Ausgangspunkt Ortszentrum Grünheide.

Altes Bauerngehöft in Klein-Wall

Zum Störitzsee

(Etwa fünfzehn Kilometer)

Noch vor Jahrzehnten galt bei Berliner Naturfreunden der Störitzsee als Geheimtip für ein ruhiges, abgelegenes und sauberes, von Wald umgebenes Badegewässer. Man fuhr mit der S-Bahn bis Erkner, dann eine Station mit dem Vorortzug bis Fangschleuse und wanderte von dort auf stillen Wegen durch den Kiefernforst bis zum ersehnten Ziel.

Auch wir wollen den Spaziergang am Bahnhof Fangschleuse beginnen. Neben dem nicht mehr geöffneten Schalter- und Warteraum im Fachwerkbau überschreiten wir die Gleise. Hinter dem Grundstück mit Werkstatt führt links ein Fußpfad in den Wald hinein. Er mündet in einen breiten Fahrweg. Am Rand stehen Birken, die bei dieser Wanderung den Kiefernforst immer wieder auflockern. Am Jagenschild 7156 wird nach rechts abgebogen. Nun bleiben wir bis nach dem Überschreiten der stark frequentierten Straße immer geradeaus. Dann biegt der Weg schräg nach links ab und führt direkt auf den Störitzsee zu. Vor dem Gewässer sichten wir mehrere eingezäunte Grundstücke. Links befindet sich die Revierförsterei "Störitzsee".

Hier führte einst die Poststraße zwischen Berlin und Fürstenwalde vorbei. Damals lud zum Verweilen und Übernachten ein Wirtshaus ein. Der Sage nach hatte einer der Besitzer die Gäste beraubt und ermordet. Da er die Leichen im Störitzsee verschwinden ließ, kamen seine Untaten erst durch einen Fisch heraus. Man fand nämlich in dessen Magen den Ring eines reichen Berliners, der auf seiner Geschäftsreise in Richtung Fürstenwalde verschwunden war.

Kehren wir zur Gegenwart zurück und setzen die Wanderung rechts um den See herum fort. Der Uferbereich im nächsten Abschnitt ist als Biotop unter Naturschutz gestellt. Schilder weisen darauf hin, daß das Betreten, Angeln, Baden sowie der Aufenthalt untersagt sind. Gleichzeitig wird über Badestellen in beiden Richtungen informiert, die zu Fuß in jeweils etwa zwanzig Minuten erreichbar sind. Unterwegs kann man zumeist das fast runde Gewässer überblicken. Bald ist die Badestelle erreicht. Da kein Motorbootverkehr gestattet ist und auch kaum Fahrzeuge an diese Seite des Sees kommen, kann man in einem ruhigen Umfeld eine Pause einlegen.

Hinter der Badestelle mit flachem Strand beginnt das umzäunte Gelände des Kinder- und Erholungszentrums "Störitzland". Erst nach der Umwanderung ist man am Eingang angekommen. Hier bietet sich die einzige Möglichkeit, Getränke und einen Imbiß zu erwerben.

Das Erholungszentrum verfügt ganzjährig über Unterkünfte, Verpflegung und über ein vielfältiges Freizeitangebot. Es ist vorgesehen, den Campingplatz in das umhegte Gelände zu verlegen. Noch kommen wir nach einer weiteren Badestelle an ihm entlang. Nun stößt man auch auf eine Asphaltstraße. Von hier zweigt mit Wegweiser nach Hangelsberg ein breiter Weg ab. Gleich daneben führt ein wenig genutzter, aber urwüchsiger Weg nach links in den schattigen Wald. Auf einem Stein ist die Inschrift: "Klein–Wall 3,8 km" zu entziffern.

Auf diesem ruhigen Pfad, vorbei an einer Futterkrippe und durch schönen Baumbestand, laufen wir über die Straße hinweg immer weiter geradeaus bis an die Bahnstrecke. Erst einige hundert Meter weiter rechts ist der beschrankte Übergang. Auf der anderen Seite bleiben wir links parallel zur Strecke und kommen an das Tal der Löcknitz heran. Schließlich erblickt man rechts die wenigen Häuser des früheren Vorwerks Schmalenberg. Landwirtschaft lohnte sich hier nicht, aber es kam eine Försterei hinzu und später entstanden am verwucherten Löcknitzufer einige Sommergrundstücke.

Von jetzt ab hat der Weg einen festeren Untergrund und führt durch abwechslungsreiches Gelände. Während sich rechts meist Wiesen erstrecken, ist es links etwas hügelig. Zwischendurch säumen alte Eichen den Weg. Er mündet zuletzt in der Nähe des Bahnhofs in die Chaussee. Wenn man mit dem Zug heimkehren möchte, ist der Rundkurs also beendet.

Bis Grünheide sind es etwa zweieinhalb Kilometer auf dem Fuß– und Radweg neben der Straße.

Badestelle am Störitzsee

Im Löcknitztal zum Wupatzsee

(Etwa 15 Kilometer)

Der Löcknitztal-Weg von der Großen Wallbrücke aus in Richtung Erkner ist abwechslungsreich und führt streckenweise durch schwieriges Gelände. Deshalb sollte man sich diese Tour bei trockenem Wetter vornehmen. Als Ausgangspunkt wird diesmal die Bus-Haltestelle Fangschleuse-Eichbrand gewählt. Wer bereits im Grünheider Ortszentrum starten möchte, läuft auf der Karl-Marx-Straße und über den Friedhofsberg sowie vorbei an der Badestelle Eichbrand bis zum Anfang der Ernst-Thälmann-Straße. Vor den ersten Grundstücken führt unser Weg in die Löcknitzniederung herunter.

Um 1750 bestand "in der Heide auf dem Berg Luch" nur ein Haus. 1860 wurden elf Wohn- und elf Wirtschaftsgebäude gezählt. Danach ist die Ansiedlung im Ortsteil Fangschleuse aufgegangen, blieb aber als Flurbezeichnung bestehen.

Wir werden schnell von einer romantischen Landschaft umfangen. Rechts windet sich zwischen Erlen und Wiesen im sumpfigen Gelände die Löcknitz dahin, und links bestimmen Kiefern das Bild. Zwischendurch kommen wir an Eichen, Birken und Buchen vorbei. Dieser schöne Weg führt auch zweimal dicht an den Fluß heran.

Kurz vor der Straßenbrücke ist man an der Königseiche angekommen. Dieser uralte Baum ist bereits stark verwittert und erinnert vielleicht daran, daß ein König hier an der Großen Wallbrücke vorbeizog. Wir überqueren die Löcknitz über die neue Radfahrer- und Fußgängerbrücke. Am anderen Ufer zeugt ein vielarmiger Wegweiser nach rechts den Löcknitztalweg und gleichzeitig die Richtung Erkner an.

Nun folgt streckenweise nochmals schwieriges Gelände. Die Mühen des Wanderers werden jedoch durch eine wundervolle Landschaft entschädigt. Wir kommen bald auf den Talrand hinaus. Oberhalb befinden sich Kiefernschonungen, während am Abhang und darunter Birken und Erlen sowie Wiesenflächen vorherrschen. Am Wegrand steht eine Schutzhütte, und dann geht es wieder in das schattige Tal hinab. Hier ist man auch dichter am Fluß.

Die vielen Windungen der Löcknitz sollen der Sage nach mit dem Teufel zu tun haben. Demnach entstanden sie als eine Furche, die Luzifer und seine Großmutter mit einer großen Pflugschar gezogen haben sollen. Seine Absicht war es, sie das Ziehen zu lehren. Weil die Alte jedoch zu schwach war, gelang es ihr nur durch vieles Hin- und Herspringen, den Pflug fortzubewegen. Eine andere Legende besagt, daß der Teufel auf der Flucht vor seiner Großmutter durch einen Zick-Zack-Lauf den Fluß geformt haben soll.

Auch unser Weg ist nicht gradlinig. Wir halten uns rechts und folgen dem Schild "Uferweg" sowie den Markierungen grüner Punkt auf weißem Feld. Ab und zu erblicken wir über das Tal hinweg Häuser von Fangschleuse. An der Gottesbrücke ist man wieder einmal direkt an der Löcknitz und kann sich etwas erfrischen. Hier hat das klare Wasser ein starkes Gefälle.

Nach der Überquerung des Gottesbrücker Weges (früher alte Poststraße genannt) bleiben wir geradeaus auf dem schmalen Pfad durch die Wiesen. Es folgt wieder streckenweise unwegsames Gelände. Manchmal läuft man auf trockenem Waldboden, dann wieder entlang an feuchten Wiesen oder sogar durch Schilf. Schließlich ist die Autobahn erreicht.

An der Brücke über die Löcknitz ist außerdem Platz für Fußgänger. Vier steinerne Frösche, zwei auf jeder Flußseite, sind am Wegrand postiert. Deshalb sagt man zu dieser Überführung auch Froschbrücke.

Dahinter geht es entlang an Sommergrundstücken links bergan zum Gottesbrücker Weg. Auf ihm wandern wir nach rechts nur einige hundert Meter. Dann führt ein Weg nach rechts wieder zur Löcknitz und über eine hölzerne Brücke, die Hubertus-Steg genannt wird. Nun befinden wir uns auf einem Wanderlehrpfad. Das Wasser fließt träge dahin, denn der Fluß ist hier sehr flach. In diesem Abschitt wird er als alte oder faule Löcknitz bezeichnet. Der Hauptarm fließt nämlich schon vor der Autobahn in die kanalisierte Mielenz. Deshalb befinden wir uns sogar auf einer großen Insel.

Am Rastplatz hinter der Brücke bleiben wir links und kommen zum Leistikow-Steg, der über den kanalisierten Flußlauf führt. Schon vorher beginnen Informationstafeln mit Pflanzenarten. Zwei große Schauflächen machen mit mitteleuropäischen Pilzarten vertraut. Hinter dem Steg bleiben wir links dicht am Wasserweg und umrunden nun den stillen Wupatzsee. Er ist ein Laichschongebiet, darf also nicht von Booten befahren werden. Baden ist sowieso nicht möglich, da ein breiter Schilfgürtel, Seerosenflächen und sumpfiges Gelände den See umschließen. Der Wiesenpfad endet an einer Raststätte. Man sollte sich hier zum Betrachten der Schautafeln etwas Zeit nehmen. Wir sind jetzt auf dem Leistikow–Weg, der schon von Erkner aus hierher führt.

Walter Leistikow (1865–1908) war ein bedeutender Maler der brandenburgischen Wald– und Seenlandschaft. Er hielt sich auch in dieser Umgebung auf und schuf mehrere Bilder zwischen Erkner und Grünheide.

Wir laufen nach rechts, bis der Wupatzsee umwandert ist. Zwischendurch gibt es eine Schutzhütte und weitere Informationstafeln, darunter über den Lebensraum Totholz und über einheimische Singvögel. Schematisch werden der Waldboden am Wupatzsee und die Geologie des Gebietes zwischen dem Spreetal und den Rüdersdorfer Kalkvorkommen vorgestellt. Wir kommen wieder zum Leistikow–Steg, bleiben aber bis zur nächsten Brücke am diesseitigen Kanalufer.

Von ihr nach links unternehmen wir einen kurzen Abstecher zum Heidereutersee. Rechts folgt ein Weg zum Ufer. Dort befindet sich ein rustikal ausgestatteter Rastplatz. Auch dieses Gewässer ist trotz der nahen Autobahn romantisch gelegen und ein Paradies für Angler.

Zurück wird die Brücke überquert und an der nächsten Kreuzung der Weg nach links eingeschlagen. Wenn man kurz vor der Autobahn ist, führt zuerst rechts und dann links ein Pfad zur bereits bekannten Froschbrücke. Jetzt unterqueren wir sie am anderen Ufer. Dahinter folgt links ein Autobahn–Rastplatz. In seiner Nähe muß man auf Unrat und Abfälle achten.

Über eine Holzbrücke kommt man direkt in die Löcknitzstraße mit ihren zahlreichen ansehnlichen Villen. Ab und zu hat man einen Durchblick zum Kanal und kommt schließlich an der Bus–Haltestelle Eichenallee in die durch den Ortsteil Fangschleuse führende Hauptstraße. Zum Ausgangspunkt Eichbrand läuft man auf ihr nach rechts weiter. Die Rückkehr zum Grünheider Ortszentrum ist in der Route rund um den Werlsee beschrieben.

Gerhart–Hauptmann–Museum Erkner

Nach Erkner

(Etwa 15 Kilometer)

Ein Besuch in Erkner sollte bei jedem Urlauber auf dem Programm stehen, denn mit dem Gerhart-Hauptmann-Museum und dem Heimatmuseum hat man lohnende Ziele. Auch bietet sich ein Einkaufsbummel an.

Wenn wir die Wanderung im Ortszentrum an der Sparkasse beginnen, laufen wir zuächst auf der Karl-Marx-Straße, dann an der Kirche und am Robert-Havemann-Klubhaus vorbei zum Ortsteil Fangschleuse. Auf der Ernst-Thälmann-Straße gelangen wir bis an deren Ende zur Straße Gottesbrück. Ein Stück weiter nach links ist die Brücke über die Löcknitz erreicht.

Gottesbrück war einst eine gesonderte Kolonie. Um 1800 hatten hier drei Büdner und fünf Hausleute ihren Wohnsitz. Die Herkunft der Bezeichnung ist nicht endgültig geklärt. Auf jeden Fall wird die Ableitung von Gott ausgeschlossen. Dagegen ist die Benennung nach dem slawischen Wort "gatz" für Strauchwerk, Faschinenweg und Damm wahrscheinlicher.

Hinter der Brücke halten wir uns bis zur nächsten Kreuzung geradeaus und schlagen dann nach rechts den breiten Gottesbrücker Weg ein. Er führt durch schönes Waldgebiet direkt auf Erkner zu. Hinter der Überführung über die Autobahn verläuft rechts von uns der Fluß unterhalb des Weges. Schließlich überschreiten wir einen Bahnübergang.

Etwas weiter östlich ist der vermutliche Standort der Schranke und des Wärterhäuschens, die Gerhart Hauptmann 1887 in seiner Novelle "Bahnwärter Thiel" beschrieben hat. Der Dichter hatte sich bei Spaziergängen mit einem Bahnwärter – wie viel später identifiziert, war es ein Grünheider Bürger – unterhalten und erhielt dabei sicher Anregungen für die dramatische Handlung.

Rechts hinter den Bahngleisen folgt der Friedhof, auf dem man die Grabstätte des Vor- und Frühgeschichtsforschers Albert Kiekebusch und von Marie Heintze, dem Vorbild der Mutter Wolffen in Hauptmanns Diebskomödie "Der Biberpelz", aufsuchen kann.

Vom Friedhof weiter auf der Gerhart-Hauptmann-Straße kommt links das Museum für Hauptmann ins Blickfeld. Hier hatte der Schriftsteller von 1885 bis 1889 seinen Wohnsitz. Die ständige Ausstellung informiert umfangreich über das Leben und Schaffen des Autors unter Hervorhebung seiner Erkneraner Zeit. Sogar Originalmöbel von damals findet man noch vor. Zu den Angeboten des Museums gehören Sonderausstellungen und Veranstaltungen. Außerdem können ein Archiv und die Bibliothek wissenschaftl lich genutzt werden. Nach der Besichtigung laufen wir nach links weiter. Man kommt am Postamt vorbei auf das Kriegerdenkmal zu. Im Jahr 1994 wurden daneben Erinnerungssteine an die Opfer jeglicher Gewaltherrschaft eingeweiht. Wir bleiben auf der Neuzittauer Straße und sehen rechts ein Denkmal für die in und um Erkner im Zweiten Weltkrieg gefallenen russischen Soldaten.

Ein Stück weiter folgt an der gleichen Seite, etwas zurückversetzt, das Heimatmuseum. Die Sammlungen zur Ortsgeschichte sind in einem schilfrohrgedeckten Fachwerkhaus von 1760 untergebracht, das bis 1996 rekonstruiert wurde. Hinter dem alten Kolonistengehöft erstreckt sich das sogenannte Sonnenluch, daneben befindet sich der Theodor-Fontane-Klub. Noch etwas weiter in Richtung Neuzittau kommt man zu einem Gewerbegebiet mit vielen Einkaufsmöglichkeiten. Zurück zum Zentrum kann man rechts parallel die Straße "Am Kurpark" wandern. Der angrenzende einstige Kurpark am Karutzsee erinnert an Erkners Zeit als Luftkurort.

Nach links kommen wir wieder auf die Hauptstraße und halten uns am G.-Hauptmann- Museum geradeaus. Die vielen Neubauten legen Zeugnis davon ab, daß das Zentrum des Ortes während eines Luftangriffs am 8. März 1944 zum großen Teil zerstört wurde. Eines der wenigen erhalten gebliebenen Jugendstilhäuser vom Anfang unseres Jahrhunderts kann man an der rechten Straßenseite bewundern. Hier sind die öffentliche Bibliothek und Bereiche der Gemeindeverwaltung untergebracht.

Wir wechseln die Straßenseite und stehen vor der etwas zurückversetzten Genezareth-Kirche. Ihr

Heimatmuseum

Mutter Wolffen und der Fischer von Arckenow

hoher Turm ist von vielen Richtungen aus weit sichtbar. Das Gotteshaus wurde 1897 errichtet und nach der Kriegszerstörung 1958 neu aufgebaut. Auffallend ist die originelle Gestaltung in einer Kombination von Ziegelsteinen und Rüdersdorfer Kalksteinen.

Gegenüber laufen wir nun am Markt und an Geschäften vorbei. Am nächsten freien Platz befindet sich eine neu aufgestellte Postmeilensäule. Sie ruft ins Gedächtnis zurück, daß hier einst die wichtige Verbindung zwischen Berlin und Frankfurt/Oder vorbeiführte. Die Säule ist von jungen Maulbeerbäumen umgeben. Im 18.Jahrhundert bestand in Erkner eine ganze Plantage dieser Bäume, aber nur einer davon blieb übrig. Er steht als Naturdenkmal wenige Schritte weiter an der gleichen Kreuzung.

Wieder auf der anderen Straßenseite, fällt eine imposante Villa auf. Es ist das Rathaus. Der bekannte Konzertflügelhersteller Carl Bechstein hatte sich dieses Gebäude einst als Sommersitz errichten lassen. Nach der Zerstörung präsentiert es sich nun in veränderter Form und mit einem Anbau. Dahinter erstreckt sich bis zum Dämeritzsee ein reizvoller Park.

Die Ortsmagistrale endet an der Brücke über das Flakenfließ, das den Dämeritzsee mit dem Flakensee verbindet. Dahinter geht es rechts zum Bahnhof und links zur katholischen Kirche, zur Schiffsanlegestelle mit Linienverkehr nach Grünheide sowie zu Sportanlagen und einer Badeanstalt. Auch erinnert eine Denkmalsanlage an die vom Naziregime Verfolgten und an die Opfer des Luftangriffs auf Erkner.

Die Wanderung führt aber schon rechts vor der Sparkasse auf der Beuststraße nach Grünheide zurück. Bald hinter dem Bahnüber-

Bootsanlegestelle am "Löcknitz–Idyll"

gang biegen wir nach rechts in die Rudolf–Breitscheid–Straße ein. An ihrem Ende geht es nach links über die Brücke. Wir sind nun an den Gaststätten "Löcknitz–Idyll" und "Löcknitz–Terrassen". Außerdem befindet sich links das Gebäude des Fremdenverkehrsbüros für das Grünheider Wald– und Seengebiet.

Neben der Straße verläuft ein Rad– und Fußweg, auf dem wir nach Grünheide wandern können. Dabei hat man bis zum Ortseingang von Grünheide keine Straße zu überqueren. Wer die Wanderung abkürzen möchte, kann mit einem Fahrgastschiff oder mit dem Autobus zurückkehren.

Fremdenverkehrsbüro Grünheider Wald– und Seengebiet

7. Fahrten auf Gewässern
Bootsfahrt zum Möllensee und Kiessee

In der Nähe des Strandes am Eichbrand befindet sich eine Ausleihstelle für Ruderboote. Hier am Werlseeufer zwischen Grünheide und dem Ortsteil Fangschleuse beginnt unsere Wasserpartie bis zu den Endpunkten der Grünheider Seenkette.

Wir lassen die Lindwallinsel hinter uns und rechts auch den meist regen Badebetrieb. Am anderen Ufer erblickt man die Gebäude der Median-Klinik und des Bundeswehr-Sozialwerkes. Hinter einem breiten Schilfgürtel öffnet sich rechterhand die Kanalfahrt. Sie führt unter der Straßenbrücke hindurch zum Peetzsee.

Auf diesem Gewässer angekommen, sehen wir gleich links die Anlegestelle der "Gaststätte am Petzsee", rechts hinter dem Schilf liegt das Schlangenluch. Geradeaus steuert man auf einen großen Strand zu. Dann wird ein Bogen nach links eingeschlagen, und hinter der Siedlung Waldeck ist der See in seiner gesamten Länge zu überblicken.

Direkt an der Rundung sehen wir die zwei repräsentativen Häuser, in denen der Dichter Georg Kaiser gelebt hat. Das Wintermärchen "Der Silbersee" schrieb er 1932 im Anblick des Peetzsees.

Die weitere Bebauung am See ist dem Ortsteil Alt-Buchhorst zuzurechnen. Wir rudern hinüber zum rechten Ufer. An dessen Ende beginnt der zum Möllensee führende Kanal. Die Stege an der Endstation der Personenschiffahrt lassen wir links neben uns. Nach der Durchfahrt unter der Straßenbrücke zieht sich rechts eine Kastanienallee entlang. Links liegen Sommergrundstücke. Dann sind wir auf dem Möllensee.

Die Bucht nach links ist von Seerosen bedeckt. Jahrelang war der See wegen Überdüngung stark verkrautet. Diese Situation hat sich in jüngster Zeit gebessert. Das langgestreckte, etwa 75 Hektar große Gewässer ist reizvoll von Laubbäumen umrahmt und hat mehrere Quellzuflüsse (siehe Wanderung rund um den Möllensee).

Links kann man an einer Badestelle anlegen und sich erfrischen. Hier befinden sich beiderseits Zeltplätze. Erst ein Stück weiter, hinter einer Halbinsel, kann das Ende des Möllensees überblickt werden. Links sehen wir nochmals einen Campingplatz, und rechts folgen die Häuser des Kageler Ortsteils Neu Finkenstein. Ganz zum Schluß lädt ein Badeplatz zum Verweilen ein.

Am Südufer des Möllensees, in der Nähe der Hochspannungsleitung, führt ein Stichkanal zum Kiessee. Wie der Name schon zum Ausdruck bringt, wurde er einst für den Abtransport von Kies ange-

Neue Löcknitz (Mielenz)

legt. Die Verbindung ist schmal und nur für kleinere Boote geeignet. Ein Blätterdach sorgt für Schatten und Kühlung. Erst hinter der hölzernen Fußgängerbrücke weitet sich das Gewässer. Es bleibt jedoch urwüchsig, denn Untiefen mit Wasserpflanzen und Wasservögeln, auch bewaldete Abhänge an den Ufern, beherrschen das Umfeld des Wasserwanderers. Vor der endgültigen Wende befindet sich links ein Campingplatz. Davor kann man aber noch besser an einer kleinen Badestelle rechterhand eine beschauliche Pause einlegen. – Zurück nehmen wir die gleiche Route.

Brücke über die Löcknitz

Bootsfahrt zur "Faulen Löcknitz"

Mit kleinen Sportbooten kann man einen Teil des schon durch Theodor Fontane gelobten Löcknitztales erkunden. Die Exkursion endet jedoch spätestens an der Großen Wallbrücke, denn hier beginnt ein Naturschutzgebiet.

Vorher sei aber bemerkt, daß unterwegs keine Bademöglichkeit besteht. Auch sind durch Untiefen und die vielen Windungen des Flusses Schwierigkeiten zu überwinden, und im sumpfigen Land können Mücken und Stechfliegen plagen.

Es kann also eine richtige Abenteuerfahrt durch die streckenweise wildromantische Natur werden.

Wenn wir vom Werlsee aus lospaddeln oder -rudern, verlassen wir das Gewässer westlich von der Lindwallinsel. Am Kanaleingang befindet sich ein großer Bootsschuppen. Vor allem hier im Ortsteil Fangschleuse war und ist zum Teil noch heute der Bootsbau und Bootsverkauf angesiedelt, und man kann auch sein Wasserfahrzeug reparieren lassen oder auch nur unterstellen.

Wir fahren in den Löcknitz-Kanal, der auch Neue Löcknitz genannt wird. Dieser Ausfluß aus den Grünheider Gewässern hieß früher Mielenz und wird auf manche neueren Karten noch so benannt. Er ist ab etwa 1875 schiffbar. Vorher bestand hier eine sogenannte Fangschleuse.

Rechts und links erblickt man schmucke Häuser oder Sommergrundstücke. Bei schönem Wetter herrscht reger Schiffsverkehr.

Vor der Autobahn biegen wir nach links ab. Nun wird es stiller, und die Umgebung ist urwüchsiger. Wasserpflanzen können sich ansiedeln. Bald wölbt sich ein Fußgängersteg über dem Wasserwanderer. Danach hören die Grundstücke am Ufer ganz auf.

Plötzlich verspüren wir eine stärkere Strömung, denn wir sind am Zufluß der Löcknitz. Sie gabelt sich hier. Wir lenken in das nun schmalere Flußbett nach links hinein.

Von nun ab muß man auf die vielen Krümmungen achten. Streckenweise ist das Ufer urwaldartig. Stämme und Zweige ragen in das Wasser hinein, und man kann im klaren Wasser viele Pflanzen beobachten. Hier fallen einem auch wieder die Sagen vom Teufel im Zusammenhang mit der Entstehung der Löcknitz ein. Wir lernten sie bei der Beschreibung des Löcknitztal-Weges kennen.

An der Gottesbrücke stößt man wieder auf menschliche Besiedlung. An dieser Stelle hat der Fluß Gefälle. Entweder fährt man zurück oder muß das Boot ein kurzes Stück tragen. Die Strecke bis zur Großen Wallbrücke ist weiterhin wildromantisch. Nur ab und zu sieht man die Häuser von Fangschleuse. Schließlich muß vor der Brücke umgekehrt werden.

Wir kommen unter dem Hubertussteg hindurch und erleben bis zur kanalisierten Löcknitz eine ruhige, romantische Landschaft. Dann biegen wir rechts in den Kanal ein und begegnen wieder der Motorschiffahrt. Links sieht man das Laichschutzgewässer Wupatzsee. Über uns wölben sich nach dem Leistkow-Steg zwei weitere Brücken. Von der Autobahn reißt der Verkehrslärm nicht ab.

An der Flußgabelung in der Nähe des Fußgängersteges bleiben wir diesmal links und unterqueren bald die Autobahn-Froschbrücke mit den vier Tierplastiken. Dieser Abschnitt ist die Faule oder Alte Löcknitz. Sie ist breit und flach. Auch ist die Strömung nicht mehr so stark.

Dahinter mündet der andere Löcknitz-Zufluß in den Kanal, und wir haben die "Löcknitz-Insel" vollständig umfahren.

Der letzte Teil dieser Wasserwanderung ist bereits durch die Hinfahrt bekannt.

Vielleicht war dieser Ausflug etwas anstrengend, aber er macht mit einer urwüchsigen Landschaft des Grünheider Gebietes bekannt.

Unterquerung der Autobahn-Froschbrücke

Per Schiff zur Woltersdorfer Schleuse

Über die kanalisierte Löcknitz ist Grünheide mit anderen Gewässern verbunden. Die Stern- und Kreisschiffahrt Berlin sowie die einheimische Reederei Kutzker unterhalten von Ende April bis Ende September einen Linienverkehr über Woltersdorf bis nach Berlin-Friedrichshagen. Darüber hinaus stehen Sonderfahrten auf dem Programm, und man kann sogar für Gesellschaften Schiffe chartern.

Die Abfahrt ist in Alt-Buchhorst gegenüber der "Gaststätte am Möllensee". Zuerst wird der Peetzsee durchquert. An seinem anderen Ende, an der "Gaststätte am Peetzsee", befindet sich der Zustieg für die Gäste aus dem Hauptort. Ein kurzer Verbindungskanal führt zum Werlsee. An der Lindwallinsel vorbei wird die kanalisierte Löcknitz angesteuert. Streckenweise empfindet man ihre Ufer kaum wie eine von Menschenhand geformte Wasserstraße. Sommergrundstücke wechseln mit Wiesen, bewaldete Abhänge mit Erlengesträuch. Rechts erblickt man den Wupatzsee mit seinen Seerosenflächen. Neben der Anlegestelle "Löcknitz-Idyll" wird die Straße unterquert. Wir sind bereits in Erkner.

Dann wird bald der Flakensee erreicht. In der Nähe der Löcknitzmündung befindet sich die Stelle, an der das von Gerhart Hauptmann in der Novelle "Fasching" geschilderte Unglück im Februar 1887 tatsächlich geschah: Es ertrank eine dreiköpfige Familie.

Wir lassen das Ufer von Erkner zurück und sehen in der Ferne den Woltersdorfer Kirchturm vor uns. Rechterhand liegt der Campingplatz mit Badestelle am sogenannten Schwarzen Stubben. Dahinter erheben sich die Kranichsberge mit dem Aussichtsturm. Links vor dem Woltersdorfer Ortsteil Springeberg ist ein kleinerer Camping- und Badeplatz.

Die Anlegestelle befindet sich an der Strandpromenade. Unweit von ihr ist die Einfahrt zur Schleuse. Je nach dem Zeitfonds sucht man die Schleuse, die Liebesquelle oder den Aussichtsturm mit seinem schönen Rundblick auf. Danach ist ein Spaziergang am Flakensee oder bis zum Kalksee lohnenswert.

Zurück nach Grünheide kann man auch durch den Wald wandern (siehe dazu die vorgeschlagene Wanderroute in diesem Buch).

Wenn man die Fahrt mit dem eigenen Sportboot unternimmt, ist das Durchschleusen ein besonderes Erlebnis. Der Mühlenteich und die Rüdersdorfer Gewässer hinter der Woltersdorfer Schleuse liegen etwa 2,6 Meter höher als der Flakensee. Diese Differenz wird durch das Wassereinlassen in die geschlossene Schleusenkammer überwunden. Anschließend hebt sich die Klappbrücke, und man fährt unter der Fußgängerbrücke hindurch aus der Schleuse heraus.

Hinter dem Kalkfließ ist der Kalksee erreicht. Rechts ziehen sich bewaldete Anhöhen entlang, und es folgt die Siedlung Seebad Rüdersdorf. Hier verbrachte Theodor Fontane 1887 einen Sommerurlaub und beschrieb diese Zeit in Briefen.

Am anderen Ufer zieht sich noch Woltersdorf entlang. Dort entstand während der Stummfilmzeit eine bedeutende Filmstadt. Drehorte waren das Woltersdorfer und später auch das Rüdersdorfer Ufer des Kalksees. Auf Rüdersdorfer Seite findet man noch Reste ehemaliger Kulissen.

Geradezu sieht man den Kirchturm und die Häuser von Rüdersdorf-Kalkberge.

Vielleicht fahren wir noch bis zum Ende des Gewässers an der Autobahnbrücke und am Bootshaus der Rüdersdorfer Ruderer entlang und kehren dann um.

Über den Stolpkanal und das Mühlenfließ gibt es vom Kalksee aus noch eine Verbindung bis zum Stienitzsee.

Bei der Rückfahrt kann man vielleicht die Bootsschleppe neben der Schleuse für das Überwinden des Höhenunterschiedes nutzen. Sie ist aber nur für leichtere Fahrzeuge geeignet.

Kulissenreste in Rüdersdorf

Hotel "Kranichsberg" an der Woltersdorfer Schleuse

Schiffahrt zu den Berliner Gewässern

Für eine Fahrt auf dem Wasser in Richtung Berlin wählen wir am besten einen Wochentag. Dann ist nicht viel Verkehr, und man kann die Natur und Landschaft besser genießen.

Der Einstieg in ein Fahrgastschiff ist entweder gegenüber der "Gaststätte am Möllensee" oder im Garten der "Gaststätte am Peetzsee" möglich.

Wie bei der Fahrt nach Woltersdorf geht es über den Werlsee und durch den Löcknitzkanal zum Flakensee. Als Haltepunkt wird auch die Strandpromenade in der Nähe der Woltersdorfer Schleuse angefahren.

Von dort führt die Strecke näher am anderen Ufer entlang in Richtung Flakenfließ. Rechts taucht bald Industriegelände auf, und links ist das Zentrum von Erkner nicht weit. Hinter mehreren Brücken öffnet sich der Blick über den Dämeritzsee. Durch ihn fließt nicht nur die Spree, sondern verläuft auch die Grenze zwischen dem Berliner Bezirk Köpenick und dem brandenburgischen Landkreis Oder–Spree.

Die Ausfahrt am weitesten nach rechts ist die Müggelspree. Zahlreiche Kanäle zweigen nach rechts von ihr ab, so daß ein ganzer Wohn- und Erholungskomplex die Bezeichnung Neu–Venedig erhielt. Wir bleiben auf der kanalisierten Spree, die in den Kleinen Müggelsee mündet. Dahinter folgt der Große Müggelsee. Bei seiner Überquerung beeindruckt das Panorama der Müggelberge, die sich bis rund einhundert Meter über dem Meeresspiegel erheben.

Am anderen Ende des Gewässers befindet sich der Endhaltepunkt der Schiffahrtslinie. Für den Aufenthalt gibt es mehrere Möglichkeiten. Entweder man unternimmt einen Spaziergang durch den Spreetunnel zum Uferweg, einen Geschäftsbummel durch Berlin–Friedrichshagen oder man sucht zur Erfrischung das nahe Strandbad auf.

Mit eigenem Sportboot sollte man wegen eventuell aufkommender Winde den Großen Müggelsee nicht überqueren, sondern an seinem Uferbereich bleiben, an dem es mehrere Badestellen gibt. Auch bieten sich in diesem Fall Abstecher in das Kanalgewirr von Neu–Venedig, in die Spree Richtung Neu Zittau oder in den Gosener Graben an.

8. Ausflüge in die weitere Umgebung

Radtour nach Kagel, Kienbaum und ins Spreetal
(Etwa 40 Kilometer)

Bei dieser Radwanderung lernen wir alle Gemeinden kennen, die zum Amt Grünheide gehören.

Vom Ortszentrum, von der Sparkasse aus, fahren wir in Richtung Herzfelde durch den Ortsteil Alt-Buchhorst immer auf dem Radweg neben der Straße. An der Kreuzung hinter dem Zeltplatz am Möllensee halten wir uns geradeaus. Es beginnt der Kageler Ortsteil Möllensee mit vielen Sommergrundstücken im Waldgebiet.

Bald erblickt man links den Elsensee. An der Badestelle sind Schautafeln mit den Themen: "Erholungsfunktion des Waldes" und "Tiere am Waldessaum" angebracht. Etwas weiter kommt man links in der Straße Elsenstau nochmals an das Gewässer heran.

Die Chaussee führt aber direkt auf Kagel zu. Vor der Fließbrücke zwischen dem Baberowsee und dem Bauernsee kann man anhand eines Lageplanes die Orientierung ausmachen.

Der Name Kagel kommt wahrscheinlich von der Bezeichnung für eine leichte Erhebung im Gelände, es kann aber auch eine Mönchskapuze gemeint sein. Schließlich war das Dorf alter Besitz des Klosters Zinna, und die Mönche habe sicher den Namen mitgebracht.

Wir fahren weiter in das Dorf hinein und erblicken rechts eine alte Schmiede. Im nächsten Eckhaus wohnte der Schriftsteller Moritz Heimann, bei dem Gerhart Hauptmann manchmal zu Gast war. An der Feuerwehr steht noch ein schilfrohrgedecktes Haus. Dahinter erhebt sich die Kirche. Sie wurde an der Stelle eines Vorgängerhauses um 1870 errichtet.

Als ganz interessant erweist sich ein Abstecher nach links in die Gasse zum Baberowsee. An desem verträumt gelegenen Gewässer soll sich einst eine slawische Kultstätte befunden haben. In der Nähe hatten die Zisterziensermönche ihren Klosterhof angelegt, um ein größeres Territorium mit mehreren Orten von hier aus zu bewirtschaften.

Wir begeben uns vom Dorfplatz zurück bis zur Fließbrücke und biegen hinter ihr nach links ein. Schmucke Häuser bestimmen das Straßenbild. Bald sind wir an einer Badestelle und können den Bauernsee überblicken. Als nächstes fällt ein schloßartiges Gebäude auf. Es beherbergte aber nur Wirtschaftsräume eines inzwischen zerstörten Schlosses.

Nun folgt ein unbefestigter Streckenteil. Beiderseits sind sandige Felder. Nicht lange, und es werden wieder eine feste Straße und der Wald erreicht. Hier beginnt links das Sportzentrum Kienbaum. Hinter dem Zaun erstreckt sich eine umfangreiche Trainingsstätte für viele Disziplinen.

Wenn wir wieder auf die breite Straße stoßen, fahren wir zunächst nach links. Hinter dem Gebäude der ehemaligen Mühle am Ausfluß aus dem Liebenberger See können wir nämlich eine Badestelle aufsuchen. Weiter in dieser Richtung würde man zum Königs-Bruch und zum Roten Luch gelangen.

Wir fahren jedoch zurück und kommen über eine Brücke. Rechts zeigt ein Schild den Beginn des Naturschutzgebietes Löcknitztal an und links blicken wir auf den Zusammenfluß des Mühlenfließes aus dem Maxsee mit dem Fließ aus dem Liebenberger See. Ab hier ist die Bezeichnung Löcknitz maßgebend. Der Name Löcknitz bedeutet Seerose und wurde aus dem Slawischen abgeleitet.

Wir sind nun in Kienbaum und finden eine geschmackvoll eingerichtete Gaststätte vor. In seinen "Wanderungen durch die Mark Brandenburg" hat Theodor Fontane diesem Ort als einem Treffpunkt der Imker mit einer ausgezeichneten Bienenweide ein ganzes Kapitel gewidmet. Der Ortsname rührt von einer alten Bezeichnung für den Nadelbaum her.

Vor der Kirche führt ein schmaler Weg zur Löcknitz hinunter. In diesem urwüchsigen Abschnitt war sie einst Grenzgewässer zwischen dem Barnimer und dem Lebuser Gebiet. Besonders deshalb rankten sich manche Spuk- und Mordgeschichten um ihren Lauf. So heißt es, daß ein Mörder einst

Gaststätte Kienbaum

In Kagel

seine Sünden im Wasser des Flusses reinwaschen wollte. Dadurch sei der Krebsreichtum in der Löcknitz zurückgegangen. Auch Irrlichter und ein Mann ohne Kopf trieben ihr Unwesen.

Das Innere der Kirche von Kienbaum aus dem Anfang des 20. Jahrhunderts ist bemerkenswert durch die Darstellung von Symbolen aus der Land- und Forstwirtschaft. Sie sind an der Empore angebracht.

Auf dem Dorfplatz steht das Denkmal zur Erinnerung an Gerhart Hauptmanns durch Brandstiftungen in Kienbaum angeregte Theaterstück "Der rote Hahn". Links von der Straße fällt noch eine uralte Ulme mit hohlem Stamm auf. Wir verlassen das kleine Heidedorf, und durch ein größeres Waldgebiet geht es weiter nach Hangelsberg.

Am Bahnhof vorbei fahren wir weiter geradeaus bis an die Spree heran. Etwas zurück kommen wir in die Gartenstraße und dann nach rechts in die Spreestraße. Nun ist man an einer Badestelle und kann anschließend parallel zum Fluß bis zum Cafe' Spreegarten weiterradeln. Auf der Hauptstraße geht es wieder zurück.

Hangelsberg liegt an einer ver-

Spreebrücke in Mönchwinkel

Hangelsberg liegt an einer verkehrsreichen Straße und gehörte früher zum Kreis Lebus. Anfang des 18. Jahrhunderts war es ähnlich wie Grünheide "ein einsamer Ort, wo selbst nur ein Förster und ein Teerbrenner wohnt", wie es in einer Akte hieß.

Der Ortsname geht wahrscheinlich auf Abhänge am Ufer der Spree zurück, die es unter anderem in der Nähe vom Ortsausgang gibt. Gleich dahinter biegen wir in die Nebenstraße nach links ein.

Nun durchfahren wir am sogenannten Spreebord auf teilweise kurvenreicher, aber meist ruhiger Trasse eine wundervolle Landschaft zwischen der Flußniederung und dem Kiefernforst. Die folgenden Ansiedlungen sind klein, aber eine folgt der anderen in nur geringen Abständen. Zuerst kommen wir durch den Hangelsberger Ortsteil Wulkow. Aus der slawischen Ursprache übernommen ist das ein Ort, an dem es Wölfe gibt.

In Mönchwinkel laden Bänke an einer reizvollen Spreepartie zu einer Rast ein. Der Ortsname erinnert daran, daß die Mönche in Kagel bis hierher Ländereien besaßen. Auf einer Nebenstraße nach links sollte man einen Abstecher bis zur Spreebrücke unternehmen und die Flußstimmung an diesem stillen Übergang genießen.

Durch Neu Mönchwinkel kommt man nach Spreewerder. Links breiten sich Wiesen aus, bis uns der Wald umfängt.

Nach rechts führt ein beschilderter Weg zum Störitzsee. Wenn es die Zeit gestattet, kann man dort hinfahren. Die nächste Ansiedlung Storkowfort weist darauf hin, daß hier früher eine Furt als Übergang aus dem Barnimer Land nach Storkow bestand.

Die heutige Chaussee wird in Spreeau überquert. Linkerhand befindet sich die Gaststätte "Zur alten Linde" und ein Stück weiter die Spreebrücke. Wir bleiben jedoch geradeaus. Bis Freienbrink folgt eine längere Strecke durch Wald.

Brink ist eine alte Bezeichnung für eine Anhöhe im Wiesengelände. In Freienbrink wirkte und lebte von 1962 bis 1977 der Maler und Poet Karl Hermann Roehricht. Er bezog die Landschaft und ihre Menschen stark in sein Schaffen ein. Die Ruhe war dahin, als die Staatssicherheit ein größeres Objekt errichtete. Daraus entwickelte sich nun ein Gewerbe- und Warenumschlagszentrum.

Als Radler kann man die Brücke, die zugleich Autobahnauffahrt ist, benutzen. An der anderen Seite ist das Abbiegen auf einem breiten Waldweg möglich. Er führt vorbei an den Gebäuden von Jägerbude bis Hohenbinde. Dort erinnert links die Albert-Kiekebusch-Straße daran, daß dieser Vor- und Frühgeschichtsforscher hier seine Wahlheimat fand und 1935 starb. Wenn man geradeaus weiterfährt, wird nochmals die Spree erreicht. Von einer früheren Ausflugsgaststätte am Ufer finden sich nur noch Fundamentreste. Über die Spreewiesen kann man bis nach Neu Zittau blicken.

Nach Erkner fahren wir ab Bushaltestelle wieder auf befestigter Straße. Links im Hintergrund stehen die Gebäude der Alten Hausstelle. An der Siedlung Karutzhöhe kommen wir in den Ort und können nach links noch einen Abstecher zum reizvoll gelegenen Karutzsee unternehmen.

Im Ortszentrum fahren wir zweimal nach rechts und sind dann schon über die Bahnstrecke und die Löcknitzbrücke hinweg im

In Hangelsberg

Von Grünheide in Richtung Autobahn

Kurs auf Grünheide zu. Hinter der Autobahn biegt der Radweg nach links ab

An der Straßengabelung gegenüber befindet sich die Begräbnisanlage für die 1945 in der Nähe von Grünheide gefallenen sowjetischen Soldaten. Wir fahren auf dem Radweg weiter und halten uns links. An der neuen Klinik wird Grünheide erreicht, und wenig später ist man im Ortszentrum, dem Ausgangs– und Endpunkt dieser Radtour.

Radtour nach Strausberg
(Etwa 60 Kilometer)

An der Kreuzung im Ortszentrum von Grünheide zeigt der Wegweiser die Richtung Strausberg an. Bis zum Kageler Ortsteil Möllensee fahren wir auf einem schönen Radweg. Dann kommen wir am Elsensee vorbei und durchfahren Kagel. Am Ortsausgang geht es die Hochebene hinauf. Nach der Überquerung der B1 wird immer geradeaus Zinndorf angesteuert. Das Dorf Werder sehen wir rechts von uns. Neben dem Bahnhof Rehfelde fahren wir über die Bahnstrecke Berlin–Küstrin/Kietz.

Kurz hinter Rehfelde zeigt rechts ein Stein an, daß hier früher die Grenze zwischen den Kreisen Niederbarnim und Oberbarnim verlief. An der Gabelung unternehmen wir nach rechts einen Abstecher bis zum umgestalteten großen Herrenhaus von Garzau. Auch der ansehnliche Park wurde stark verändert.

Durch schöne Waldungen wird Strausberg erreicht. Am Rand der Altstadt finden wir Reste der Stadtmauer. Besichtigenswert sind die Marienkirche, die Fährstelle mit dem reizvollen Blick über den Straussee und das Heimatmuseum, das sich an der Stadtausfahrt in Richtung Süden befindet. Hier verlassen wir die schon im Mittelalter wichtige Stadt. Vorbei an großen Wohn– blocks und schmucken Häusern kommen wir zur Vorstadt, die am Bahnhof entstand. Wenn hinter dem Bahnübergang die Chaussee nach links abbiegt, bleiben wir geradeaus auf dem unbefestigten Weg.

Waldpfade führen nach links zum großen Stienitzsee. Ein Umweg dorthin lohnt sich, denn streckenweise ist die Uferzone mit ihren Hügeln und Quellen geradezu wildromantisch. Am anderen Ufer liegt Hennickendorf sowie der einstige "Rüdersdorfer Sprudel".

Im Rüdersdorfer Ortsteil Tasdorf, nahe am Gutshof, kommt man wieder aus dem Wald heraus auf die Straße. Sie führt nach Rüdersdorf-Schulzenhöhe und -Kalkberge. Zunächst bestimmt die Industrielandschaft das Bild. Wenn wir auf die Straßenbahnstrecke stoßen, bleiben wir nach links bis zur Heinitzstraße neben ihr. Hier weist wiederum nach links ein Schild zum Museumspark Rüdersdorf. Zu Besuchen kann man sich im Bergamtsgebäude in der Heinitzseestraße 11 anmelden. An den Wochenenden finden regelmäßg Besichtigungen statt, weitere auf Vorbestellung.

Alljährlicher Trail im Tagebau

Angeboten werden meist Führungen, und zwar eine dreistündige geologische zu attraktiven Lagerstätten des Tagebaus einschließlich Suche nach Mineralien und Fossilien, die mitgenommen werden können, sowie eine zweistündige, zu den Kultur- und Industriedenkmalen mit der Darstel-

Bergmannskapelle Rüdersdorf

lung des Kalksteinabbaues und seiner Verarbeitung zu Baustoffen.

Es ist sicher lohnenswert, für den Besuch des Museumsparkes einen zusätzlichen Tag einzuplanen.

Die weitere Rückfahrt führt an der Straßenbahnstrecke entlang. Rechts sehen wir auf der Anhöhe das Kulturhaus, im Volksmund 'Akropolis' genannt. Links folgt das alte Straßenbahn-Depot von 1912 und geradeaus die neogotische Kirche von 1871. Sie wurde mit einheimischen Kalksteinen verblendet und fällt durch ihren schlanken Turm auf.

Neogotische Kirche

Vor dem Gotteshaus wenden wir uns nach rechts. Hinter der Brücke über den Kalkgraben ist eine Anhöhe zu bewältigen. Erst im Ortsteil Alt-Rüdersdorf enden die Schmalspurgleise der Überland-Straßenbahn. Kurz dahinter am Potsdamer Platz biegen wir nach rechts in den Hortwinkel ein. Von ihm zweigt wenige hundert Meter später eine Straße nach links ab, die in einen Waldweg übergeht. Auf ihm gelangen wir direkt nach Grünheide. Wir biegen nur einmal nach links ab – nach der Überquerung eines breiten Weges –, der wegen der hohen Eichen an seinem Rand auch Eichengestell genannt wird.

Alter Kalkofen

Brecht–Weigel–Haus

Radtour in die Märkische Schweiz
(Etwa 70 Kilometer)

Die Märkische Schweiz um die kleine Stadt Buckow herum ist eine der schönsten brandenburgischen Hügellandschaften. Zu erreichen ist dieses Gebiet von Grünheide aus am besten über Kagel und dann auf der Bundesstraße 1 rechts bis Müncheberg.

Unterwegs am Roten Luch bei Heidekrug beginnt bereits der Landschaftspark Märkische Schweiz. Ein größeres Waldgebiet wird nur in Hoppegarten unterbrochen. In Müncheberg sind zwei mittelalterliche Tortürme und die nach Entwürfen von Karl Friedrich Schinkel errichtete Marienkirche sehenswert.

Bereits vor dem Zentrum führt eine Straße links nach Buckow. Bei Waldsieversdorf muß man nach rechts abbiegen.

Zur Orientierung durch die wald- und wasserreiche sowie bergige Landschaft sollte man eine Wanderkarte bei sich haben. Es gibt auch einen speziellen Touristenführer.

Besondere Attraktionen sind das Brecht-Weigel-Haus direkt am Schermützelsee und der Blick von den Bollersdorfer Höhen sowie die Wurzelfichte an einem der sehr schönen Talwanderwege.

Zurück kann man über Bollersdorf, Hohenstein, Bahnhof Rehfelde und Zinndorf fahren.

Andere Strecken entlang am Roten Luch oder über Garzin und Garzau sind sogar etwas kürzer und nicht so verkehrsreich. Man muß aber bei schwierigen Abschnitten langsamer fahren. Dafür genießt man trotz Kopfsteinpflaster oder Sandweg besser die stille Landschaft. Autofahrer müßten bei der erstgenannten Variante bleiben.

Scharmützelsee

*Bahnhof
Bad Saarow*

Radtour zum Scharmützelsee
(Etwa 70 Kilometer)

Der Scharmützelsee ist als "Märkisches Meer" durch seine Größe beeindruckend, und mit Bad Saarow–Pieskow an seinem Ufer lernt man einen der schönsten brandenburgischen Erholungsorte kennen.

Für die Hinfahrt wählen wir die Straße vorbei am Bahnhof Fangschleuse, bis Spreeau auf neuem Radweg, weiter nach Spreenhagen, Rieplos und Storkow. Storkow ist eine alte Stadt mit großer Kirche und Burganlage. Über die Ausfahrt in Richtung Beeskow erreicht man die Südspitze des Scharmützelsees und hat von hier eine schöne Sicht über das Gewässer.

Eine Straße führt parallel zum westlichen Ufer über Wendisch Rietz nach Saarow-Dorf. Hier biegen wir nach rechts ein und erleben die Stimmung des alten Ortskernes mit dem Herrenhaus auf einer Halbinsel und schilfrohrgedeckten Gebäuden. Anschließend bleibt man auf Promenadenwegen in Seenähe.

Anhand einer Karte können bis zum Ortsteil Pieskow mehrere Badestellen, Aussichtspunkte, Gaststätten und Bootsstege angefahren werden. Sehenswert sind vor allem die Kuranlagen, das Gebäudeensemble am Bahnhof und die Maxim-Gorki-Gedenkstätte. Das Ortsbild wird durch gepflegte Häuser, Grundstücke und Grünanlagen bestimmt.

Nördlich von Bad Saarow-Pieskow liegen die fast 150 Meter hohen Rauener Berge. Zu den dortigen riesigen Markgrafensteinen lohnt sich ein Abstecher.

Zurück fahren wir zunächst auf Waldwegen und durch bergiges Gelände nach Kolpin. Von dort zweigt nördlich nach links eine neue Straße mit Radweg nach Markgrafpieske ab. In diesem Ort biegen wir nach links ab und kommen wieder auf die Straße, die über Spreenhagen nach Grünheide führt.

Die Rückfahrt ist auch über Rauen oder Petersdorf und Fürstenwalde (von dort eventuell per Zug bis Fangschleuse) möglich. Aber die zuerst vorgeschlagene Strecke ist verkehrssicherer.

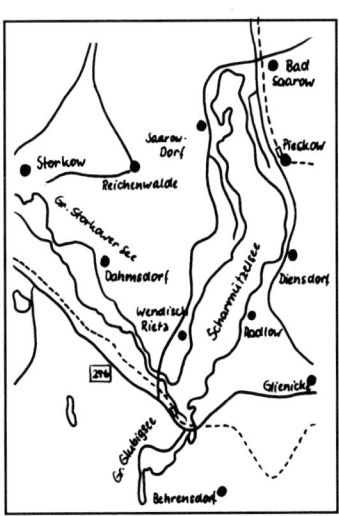

Altes Wasserwerk

Der Müggelsee

Radtour rund um die Müggelberge
(Etwa 50 Kilometer)

Wir verlassen Grünheide in Richtung Erkner. Dort wird an der Hauptkreuzung nach links abgebogen. Hinter dem Ort breiten sich Wiesen aus. Stellenweise fährt man dicht an der Spree entlang. Vor Neu Zittau wird der Fluß überquert. Nach der Ortsdurchfahrt ist ein Berg zu überwinden. Danach ist Wernsdorf in Sicht. Hier ist die große Schleuse am Oder-Spree-Kanal betrachtenswert.

Die Weiterfahrt nach Gosen geschieht entweder zurück über Neu Zittau oder etwas westlicher über den Schmöckwitz-Werder und über die Gosener Berge zwischen dem Wernsdorfer und dem Seddinsee. In Gosen fällt die Kirche auf.

Hinter dem Ort werden der Gosener Graben und der Gosener Kanal überquert. Wir sind jetzt auf Berliner Gebiet. Nun führen Waldwege nach rechts zur Müggelspree und anschließend an ihr entlang. Das Ufer ist aber meist durch Niederungen oder Grundstücke von unserem Weg getrennt. Man kommt zum Südufer des Kleinen und dann des Großen Müggelsees.

Es beginnt ein schöner Promenadenabschnitt mit herrlichen Blicken über das riesige Gewässer. Mit 766 Hektar Fläche ist der Müggelsee Berlins größtes Gewässer. Von den Gaststätten "Müggelseeperle" und "Rübezahl" aus kommt man nach links zu den Müggelbergen. Die interessantesten Ziele wie der Teufelssee und Müggelturm sind ausgeschildert.

Am Müggelsee geht es auf dem Uferweg weiter bis zu einem Tunnel, der unter der Müggelspree hindurchführt. Auf der anderen Seite befindet sich die Abfahrtsstelle von Schiffslinien, darunter auch die bis Grünheide. Außerdem ist das Strandbad in der Nähe.

Oberhalb des Spreetunnels stößt man auf den Müggelseedamm. Nach links kommt man zum belebten Einkaufszentrum von Berlin-Friedrichshagen. Wir bleiben jedoch rechts auf dem Müggelseedamm. An dieser Strecke befindet sich das alte Wasserwerk, ein denkmalgeschütztes Backsteinhaus, mit einem Museumstrakt. Dann nimmt uns wieder Waldgebiet auf. Rechts folgen die getrennten Strandbäder für textilfreie und bekleidete Gäste. Durch Rahnsdorf und Wilhelmshagen kommt man wieder nach Erkner und Grünheide zurück.

Wer lieber Waldwege fahren möchte, überquert am Bahnhof Rahnsdorf oder Wilhelmshagen die Bahnstrecke und steuert von dort Woltersdorf an. Durch den Ort und über die Schleusenbrücke geht es wieder durch Waldgebiete bis nach Grünheide.

Rathaus und Dom

Stadtzentrum von Fürstenwalde

Bahnfahrten nach Berlin, Potsdam, Fürstenwalde und Frankfurt (Oder)

Vom Bahnhof Fangschleuse kann man auf direkter Strecke nach Fürstenwalde und Frankfurt (Oder) sowie mit Umsteigen in Erkner nach Berlin und Potsdam gelangen. Das Kaufen von Fahrkarten ist im Zug möglich. Buslinien ab Grünheide führen nach Erkner zum Umsteigen nach Berlin und Potsdam und nach Fürstenwalde.

Für einen Besuch in der Hauptstadt Berlin sollte man sich einen Stadtplan und vielleicht zusätzlich einen Reiseführer beschaffen. Auf eine Aufzählung von Sehenswürdigkeiten muß wegen der Fülle verzichtet werden.

Nach Potsdam kommt man ab Erkner mit der S-Bahn auf direkter Strecke in etwa eineinhalb Stunden. Die brandenburgische Landeshauptstadt ist besonders durch ihre Parks und Schlösser beliebt. Darüber hinaus gibt es weitere historische Bauten und mehrere Museen.

Bis Fürstenwalde an der Spree sind es mit dem Regionalverkehr nur zwei Stationen. Bedeutendste historische Bauten sind der Dom, einst Sitz der Lebuser Bischöfe, und das Alte Rathaus. Im Stadtmuseum werden unter anderem die Stadtgeschichte, die Geologie der Umgebung und die Gerhard-Goßmann-Galerie geboten.

Frankfurt (Oder) ist von Fangschleuse oder Erkner aus in einer knappen Stunde zu erreichen. Neben alten Bauwerken und mehreren Museen bietet sich ein Spaziergang über die Oder ins polnische Slubice (früher Dammvorstadt) an.

Frankfurt (Oder) – Blick nach Slubice

Literaturhinweise

Theodor Fontane: Wanderungen durch die Mark Brandenburg. Band "Spreeland".

Gesa M. Valk: Georg Kaiser in Grünheide (Mark) 1921–1938. Reihe der "Buntbücher"; Herausgeber: Kleist–Museum Frankfurt (Oder) 1993.

Evangelische Kirche "Zum guten Hirten" Grünheide (Mark). Herausgeber: Gemeindekirchenrat 1992.

Robert Havemann: Dokumente eines Lebens. Christoph Links Verlag Berlin 1991.

Ekkehard R. Bader: Spurensuche zwischen Zeitenwenden. Landkreis Fürstenwalde. Bildband. Verlag Bock & Kübler Fürstenwalde 1993.

Ekkehard R. Bader: Zauber im Tal der Spree. Geschichte und Geschichten entlang eines Flusses. Bildband. Verlag Bock & Kübler 1996.

Ekkehard R. Bader: Verschwörung der Raubritter. Sagen und Märchen aus Köpenick und der Müggellandschaft. Verlag Bock & Kübler 1996.

Jörg Lüderitz: Orts- und Wanderführer Woltersdorf/Schleuse. Verlag Bock & Kübler 1995.

Gerald Ramm: Als Woltersdorf noch Hollywood war. Die Stummfilmzeit im Osten Berlins. 3. Auflage. Verlag Bock & Kübler 1996.

Gerald Ramm: Woltersdorf. Ein Dorf im Dritten Reich. Verlag Bock & Kübler 1993.

Max Haselberger: Woltersdorf. Die 700jährige Geschichte eines märkischen Dorfes. Reprint der Orginalausgabe von 1931. Verlag Bock & Kübler 1992.

Wanderkarte: Müggelsee–Teupitzer Seen. 1:50.000. Tourist Verlag Berlin.

Wasserwanderkarte: Seengebiet zwischen Berlin und der Spree. 1:25.000. DSV / Busse und Seewald.

Radwanderkarte: Märkische Schweiz. 1:50.000. RV Verlag.

Ortskarte Woltersdorf/Schleuse. Verlag Bock & Kübler 1996.

Markierte Wanderwege

Georg–Kaiser–Weg (rotes Dreieck):
Rund um den Peetzsee, Anfang und Ende:
Amtsverwaltung Grünheide Haus I
– ca. 6,0 km

Löcknitztal–Weg nach Klein–Wall (gelber Querstrich):
Anfang: Gefallenen–Denkmal Große Wallbrücke
– ca 5,5 km
mit Weiterführung über Kieskanal nach Alt–Buchhorst
– ca. 5,0 km

Rund um den Möllensee (gelber Kreis):
Anfang und Ende: Bushaltestelle Alt–Buchhorst
– ca. 10,5 km

Großer Rundweg (grüner Kreis)
nach Woltersdorf und Erkner mit Löcknitztal,
Anfang: vor Autobahnüberführung Gottesbrücker Weg
– ca. 14,5 km

Höhenwanderweg nach Woltersdorf (grünes Kreuz):
Anfang: Bushaltestelle Alt–Buchhorst, Zubringerwege ab
Amtsverwaltung Grünheide I, ab Grünheide Eichenallee
Fangschleuse
– ca. 8,0 km

Talweg nach Woltersdorf (grüner Querstrich):
Anfang: Bushaltestelle Alt–Buchhorst, Zubringerwege
wie beim Höhenwanderweg
– ca. 7,0 km

Amt Grünheide/Mark

- Amtsdirektor: Heinz Friedrich

HAUS I:
Karl-Marx-Str. 25, 15537 Grünheide, Tel.: 03362/5855-0
Öffnungszeiten:
Di.: 9-12 Uhr u. 13-18 Uhr
Do.: 9-12 Uhr

Meldestelle
Öffnungszeiten:
Mo. u. Fr.: 13-15 Uhr
Di. 09-12 Uhr u. 13-18 Uhr
Do. 09-12 Uhr u. 13-15 Uhr

HAUS II: Karl-Marx-Str. 2
Bauamt: Peter Komann

Gemeinde GRÜNHEIDE
Bürgermeisterin: Lieselotte Fitzke
Karl-Marx-Str. 25 (in der Amtsverwaltung)
Sprechzeit: Di.: 13-18 Uhr

Polizeiposten
in Grünheide, im Haus II der Amtsverwaltung, K.-Marx-Str. 2, Tel.:
Öffnungszeiten:
Di. 15-18 Uhr, Fr.: 10-12 Uhr

Poststellen
Grünheide: Karl-Marx-Str. 31
Hangelsberg: Im Kauf-Eck, Fürstenwalder Landstr.
Kagel: G.-Hauptmann-Str. 17a

Grünheider Bibliothek
im Robert-Havemann-Klubhaus, An der alten Schule, Tel.: 03362/4891
Öffnungszeiten:
Mo./Fr.: 09-12 Uhr, Di./Do.: 13-17 Uhr. In der Bibliothek erhalten Sie auch touristische Informationen des Fremdenverkehrsvereins Grünheider Wald- und Seengebiet e.V.

Gemeinde KIENBAUM
Bürgermeister: Erhard Gräbert
Gemeindehaus: Dorfstr. 49,
Tel.: 033434/71123
Sprechzeit: Di. 16–18 Uhr

Gemeinde MÖNCHWINKEL
Bürgermeister: Lutz Leder
Spreestr. 4, Tel.: 033632/251
Sprechzeit: So.: 10–12 Uhr

Gemeinde SPREEAU
Bürgermeister: Horst Felkel
Gemeindehaus: Kiesweg,
Tel.: 033633/524
Sprechzeit: Do. 14–17 Uhr

Gemeinde HANGELSBERG
Bürgermeisterin: Monika Wenzel
Gemeindehaus: Hauptstr. 33,
Tel.: 033632/331
Sprechzeit: Di. 9 bis 12 Uhr u. 13 bis 18 Uhr

Bibliothek:
Küstergestell (Sa.: 14 bis 15 Uhr)

Gemeinde KAGEL
Bürgermeister: Norbert Niche
Gemeindehaus: G.–Hauptmann–Str. 25a, Tel.: 033434/71122
Sprechzeit: Do.: 15–17 Uhr

Vereine in Grünheide:

Anglerverein e.V.:
Vors.: Gerhard Langner, Ortsteil Fangschleuse, Löcknitzstr. 1, Tel.: 03362 / 21606

Sportverein e.V.:
Vors.: Ralf–Peter Fitzke, Ortsteil Fangschleuse, Löcknitzstr. 73, Tel.: 03362 / 24576

AWO–Ortsverein:
Vors.: Ingeborg Friedrich, Ortsteil Fangschleuse, Thälmannstr.13, Tel.: 03362 / 6359

Heimatverein e.V.:
Vors.: Werner Hein, Ortsteil Grünheide, Friedrich–Engels–Str.8, Tel.: 03362 / 6211

Grünheider Karnevalsclub e.V.:
Präsident Jürgen Müller, Ortsteil Fangschleuse, Eichenallee, Tel.: 03362 / 58371

Löcknitzchor e.V.:
Vors.: Paul Krause, Ortsteil Fangschleuse, Thälmannstr.23a, Tel.: 03362 / 6264

Mittelstandsverein e.V.:

Vors.: Eberhard Rüdiger, Ortsteil Fangschleuse, Erlsenstr. 6,
Tel.: 03362 / 6152

Verein der Ruheständler u. Hinterbliebenen e.V.:

Vors.: Ursula Wulff, Ortsteil Fangschleuse, Thälmannstr.55,
Tel.: 03362 / 6394

Literaturverein e.V. "Georg Kaiser"

Vorsitzender: Jörg Lüderitz

Grünheider Karnevalsklub e.V.

Hotels- und Pensionen

Hotel & Gaststätte "Am Peetzsee"

15537 Grünheide:

"Hotel und Gaststätte am Peetzsee",

Frau Jutta Lahmann, Karl–Marx–Str. 9, Tel.: 03362 / 6188 u. 22726–29; Fax: 03362 / 22730

15537 Grünheide:

Prisod GmbH "Hotel am Reiherhorst",

Am Reiherhorst 8 (Ortsteil Alt–Buchhorst), Tel.: 03362 / 5819–0; Fax: 03362 / 5819–10

15537 Grünheide:

Belvedere–Hotel "Seegarten",

Fam. Radtke, Am Schlangenluch 12, Tel.: 03362 / 6180 u. 6421; Fax: 03362 / 6129

15345 Kagel:

"Zum schwarzen Rössel"...

Tel.: 033434 / 266 u. 539; Fax: 033434 / 71220 (Ltr.: Herr Wischnewski)

Private Zimmervermittlung über Fremdenverkehrsverein Grünheider Wald– und Seengebiet e.V.,

Fangschleusenstr. 1b, 15537 Erkner, Tel.: 03362 / 75933; Fax: 03362 / 24539

Campingplätze:

15537 Grünheide:

Verein ***"Mölle–Süd–Camp" e.V.*** Naturcampingplatz (Möllensee–Südufer), Tel.: 03362 / 6345 od. 030 / 474 17 39 (Zeltpl.–Ltr.: Herr Pfeiffer)

15345 Kagel: Campingplatz und Herberge am Kiessee

"Weg der Erholung",

Der Autor

Jörg Lüderitz wurde 1935 in Rostin/Neumark geboren und stammt aus einer Lehrerfamilie. Nach der Vertreibung aus der Heimat 1945 wurde zunächst Rüdersdorf seine neue Heimat. Seit 1964 lebt er in Grünheide. Der gelernte Buchhändler blieb diesem Beruf bis zu seiner Pensionierung treu. Bekannt wurde er vor allem durch seine Publikationen zu heimatgeschichtlichen Themen. Seit langem beschäftigt er sich vorrangig mit brandenburgischer Landschaft, Geschichte und Kultur, ist eng mit den Orten seiner Umgebung vertraut.

In Grünheide leitet er den Literaturverein "Georg Kaiser e.V. Auch als Reiseführer, Autor und Vortragender begeistert er viele Menschen für seine Heimat.

Weitere Titel des Autors:

"Wanderungen östlich der Oder", Stapp Verlag Berlin, 1992, DM 19.80

"Radtouren östlich der Oder, Trescher Verlag Berlin, 1994, DM 26,80

"Heimatklänge. Sagen und Bilder aus der Geschichte der Neumark", Verlag Bock & Kübler Fürstenwalde, DM 24,80

"Wiederentdeckte Neumark, Verlag Bock & Kübler Fürstenwalde, 1994, DM 39,80

"Orts− und Wanderführer Woltersdorf/Schleuse", Verlag Bock & Kübler Fürstenwalde, 1995, DM 14,80

"Die Neumark entdecken" Trescher Verlag Berlin, 1997, DM 19,80

Informationen zu Themen und Terminen seiner DIA−Vorträge können Sie direkt bei Jörg Lüderitz erhalten: Thälmannstr. 66, 15537 Grünheide, ☎ (03362) 26622

Aktuelle Informationen im Heimatblatt – jeden Monat neu:

Amtsblatt der Amtsgemeinde Grünheide aus dem Verlag Bock & Kübler, 6. Jahrgang

In gleicher Ausstattung ist bereits erschienen:

Jörg Lüderitz:

Orts- und Wanderführer Woltersdorf/Schleuse

In dieser Buchreihe werden beliebte Ausflugsorte am Ostrand Berlins vorgestellt.

Der Autor beschreibt seine Beobachtungen bei Wanderungen, Radtouren, Bootsfahrten sowie Exkursionen per Auto und Bahn. Weitere Kapitel befassen sich mit der Entstehung der Landschaft, Geschichte der Orte mit ihren kulturellen Traditionen. Ein Informationsteil erhöht den Nachschlagewert. Die Reihe wird fortgesetzt.

96 S., 21 x 12 cm, Broschur,
ISBN 3-86155-057-1, DM 14,80

Autor und Verlag danken allen, die durch Auskünfte und Hinweise die Entstehung des vorliegenden Buches unterstützt haben.

Ergänzungsvorschläge werden dankbar angenommen, sie werden einer Nachauflage zugute kommen.

Verlag Bock & Kübler
Dr.-Wilhelm-Külz-Straße 60, 15517 Fürstenwalde,
Telefon u. Fax (03361) 57 621

Hotel & Gaststätte am Peetzsee

- **Gepflegte Fremdenzimmer** (Dusche/WC, TV und Telefon)
- **Dampferanlegestelle**
- **Ruderboot – und Fahrradverleih**
- **Wintergarten und Festsaal** (bis 150 Pers.) für Festlichkeiten, Tagungen, Seminare
- **Biergarten direkt am Peetzsee und Liegewiese**

Karl–Marx–Str. 9
15537 Grünheide
Tel. 03362/6188 o. 22726
Fax 03362/22730

 LA TESTE
gegenüber der Sparkasse
Tel./Fax: 03362-6203

Inh.: Kornelia Wegner
Friedrich-Engels-Straße 1
15537 Grünheide (Mark)

Wir halten ein breites Sortiment für Sie bereit:

Schreibwaren * Spielwaren
Bücher - Bestellungen sind möglich -
Geschenkartikel * Keramik
Lederwaren * Kurzwaren
Anglerbedarf * Blumen
Lotto * Postwertzeichen

Vielerlei Dienstleistungen bieten wir an:

Fax- und Kopierdienst
Stempel * Firmenwerbung
sämtliche Schreibarbeiten
Bewerbungsschreiben mit Beratung
Reinigung, Wäscherei, Schuhmacher
OTTO-Bestellservice

Geöffnet ist durchgehend von 9 bis 18 Uhr, sonnabends von 9 bis 11 bzw. 12 Uhr im Sommer

FREMDENVERKEHRSVEREIN Grünheider Wald- und Seengebiet e.V.

Fangschleusenstraße 1b   15537 Erkner

Telefon (03362) 7 59 33, Fax (03362) 2 45 39

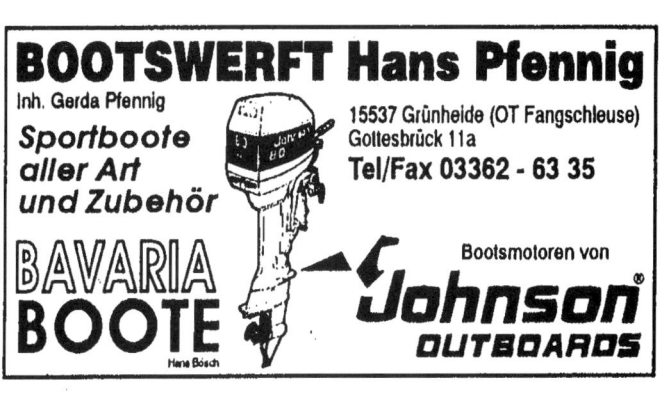

TAXIBETRIEB GRÜNHEIDE
Heiko Lehmann
15537 Grünheide, Körperstraße 5

Telefon: (03362) 6136
Auto – Tel.: 0172 – 408 37 62

* Krankenfahrten (alle Kassen) * Dialysefahrten u.v.m.
* TAXI / MIETWAGEN UND KLEINBUS 7 PLÄTZE
Vorbestellungen – Tag und Nacht – immer möglich!

Sparkasse Oder – Spree

Alte Poststraße 1
15890 Eisenhüttenstadt
Tel.: 03364 / 151−0

Geschäftsstellen mit Geldautomat und Kontoauszugsdrucker in Grünheide und Umgebung:

15537 Grünheide,
K.−Marx−Str. 27, Tel.: 03362/6156

15537 Erkner,
Friedrichstr. 73, Tel.: 03362/79290

15569 Woltersdorf,
R.−Breitscheid−Str. 23, Tel.: 03362/5107

15566 Schöneiche,
Brandenburgische Str. 8, Tel.: 030/6495044

15518 Hangelsberg,
Hauptstr. 39, Tel.: 033632/204 (o. Geldautomat)

15517 Fürstenwalde/Am Bullenturm,
Eisenbahnstr. 151, Tel.: 03361/151−0

15517 Fürstenwalde/Nord,
Juri−Gagarin−Str.7, Tel.: 03361/32332

15517 Fürstenwalde/Süd,
August−Bebel−Str. 31, Tel.: 03361/151300

Gaststätte "Kienbaum"

im Sommer von Die. bis So. ab 11 Uhr geöffnet
im Winter Mo. u. Die. Ruhetag

Dorfstraße 52, Kienbaum, ☎ 033434 / 71130

Hotel Seegarten Grünheide

Am Schlangenluch 12
15537 Grünheide
Tel. 03362/6180, 6421, 6424,6424
Fax 03362/6129

Blick vom Hotel Seegarten zum Peetzsee

Quelle Agentur **Werlsee Drogerie**
Martina Gersdorf   Frank Gersdorf

Eichenallee 18, 15537 Grünheide, OT Fangschleuse

☎ 03362/ 214 23 Fax   /6190

Grünheide (Ortsteil Fangschleuse), Eichenallee, re.: Werlsee–Drogerie

- Katalog– und Lieferservice
- Foto • Filme • Drogerieartikel
- Lotto und Zeitschriften

Der kompetente Partner in Ihrer Nähe
– schnell und zuverlässig –

Öffnungszeiten:
Mo–Fr 8–12.30 Uhr und 14.30–18 Uhr
Sa 8–11.30 Uhr

Am Reiherhorst 8, 15537 Grünheide ☎ 03362/5819-0, Fax 03362/5819-10

PRISOD
KURHOTEL

FRISCHER WIND FÜR DIE INNERE UHR

Komfort-Einzel-/Doppelzimmer m. Tel., TV, Minibar, Bad - Restaurant, Parkplatz - Sonnenterrasse - Solarium, Sauna, Whirlpool. In Grünheide: 2 Tennisplätze, Bootssteg, Dampferanlegestelle, Shuttleservice (City Berlin-Kurhotel)

Hotel "Kranichsberg", An der Schleuse 3-4, 15569 Woltersdorf ☎ 03362/794-0

MEDIAN KLINIK GRÜNHEIDE

Friedrich–Engels–Straße – 1553 7 Grünheide
Tel. 03362 / 739–0 – Fax 03362 / 739–222

**Rehabilitationsklinik für
Neurologie/Neurochirurgie**

Die MEDIAN Kliniken gehören zur Unternehmensgruppe Dr. Marx. Seit über 25 Jahren errichten und betreiben wir Rehabilitationskliniken im gesamten Bundesgebiet. Entsprechend unserem Leitspruch "Der Mensch steht im Mittelpunkt" haben sich unsere Mitarbeiter das Ziel gesetzt, zusammen mit den Patienten zur Wiederherstellung der Gesundheit und Eingliederung in Beruf und Alltag beizutragen. Ein modernes privatwirtschaftliches Klinikkonzept gewährleistet, daß die Anforderungen an die fortgeschrittene Entwicklung der Rehabilitationsmedizin erfüllt werden.

Durch die Nähe zu den Akutkrankenhäusern in Berlin und Umgebung ist eine enge Zusammenarbeit im Sinne einer wohnortnahen Rehabilitation im Anschluß an den Krankenhausaufenthalt gegeben.

Am Ufer des Werlsees befindet sich die MEDIAN Klinik Grünheide. Vom Klinikgelände können Rollstuhlfahrer direkt an den See gelangen, der angrenzende Wald lädt zu erholsamen Spaziergängen ein.